대한민국은
어떻게
망가졌는가

대한민국은 어떻게 망가졌는가

초판 1쇄 발행 2025년 5월 16일

지은이	박현
펴낸이	이영선
책임편집	이민재

편집	이일규 김선정 김문정 김종훈 이민재 이현정
디자인	김회량 위수연
독자본부	김일신 손미경 정혜영 김연수 김민수 박정래 김인환

펴낸곳 서해문집 | 출판등록 1989년 3월 16일(제406-2005-000047호)
주소 경기도 파주시 광인사길 217(파주출판도시)
전화 (031)955-7470 | 팩스 (031)955-7469
홈페이지 www.booksea.co.kr | 이메일 shmj21@hanmail.net

ⓒ박현, 2025
ISBN 979-11-94413-37-0   03300

대한민국은
어떻게
망가졌는가

박현
지음

서해문집

일러두기
이 책에 등장하는 사건 가운데 복수의 언론이 보도함으로써 대중에게 널리 공유된 발언이나 증언, 행적은 출처 표기를 생략했다.

시민적 유대를 위하여

민주주의는 시민의 집

프롤로그

2022년 11월 초부터 〈눈 떠보니 후진국〉이라는 제목의 칼럼을 대여섯 차례 쓴 바 있다. 윤석열 정권이 출범한 지 반년쯤 지났을 때다. 당시 서울 이태원에서 발생한 참혹한 압사 사고가 전형적인 후진국형 참사일 뿐만 아니라, 정부의 위기대응 매뉴얼이 먹통이 되고, 고위 관료들은 책임 회피에만 급급한 것을 보고 써내려간 칼럼이었다.

　　윤석열 정권의 반민주적이고 일방적인 국정운영으로 사회 곳곳에서 후진국으로의 퇴보 징후가 뚜렷이 관찰되던 당시 상황을 나는 이렇게 진단했다. "요즘 우리나라는 정치·외교·사회·경제 거의 전 분야에서 국가 기능이 제대로 작동하지 않는 상태에 빠져 있는 것 같다. 최근 벌어진 일련의 사태는 우리나라 국정운영 시스템에 큰 구멍이 뚫려 있음을 방증한다. '눈 떠보니 선진국'이라는 책이 지난해 화제를 모았는데, 이제는 '눈 떠보니 후진국'이라는 말이 회자될 정도다."[1]

당시 나는 '눈 떠보니 후진국'이라는 비유를 사용해 이대로 가다간 나라가 큰 위기에 처할 것임을 수차례 경고했다. 당시 윤석열 대통령이 국정운영 방식을 환골탈태해 후진국으로 퇴보하지 않기를 바라는 간절한 마음에서 쓴 글이었다. 불행하게도 3년이 지나지 않아 경고는 엄혹한 현실이 되고 말았다.

비상계엄이 선포된 2024년 12월 3일 밤. 일찍 잠든 국민들은 아침에서야 그 소식을 듣고 얼마나 황당했을까. 하마터면 '눈 떠보니 후진국' 정도가 아니라 '눈 떠보니 독재국가'를 마주할 뻔했다. 시민들의 피땀과 눈물로 산업화와 민주화를 일궈내 선진국 문턱을 넘고, 문화·예술 분야에서도 세계인의 찬사를 받는 21세기 대한민국에서 난데없는 비상계엄이라니! 상상해보지 못한 초현실적 사태에 어리둥절하거나 밤새 불안에 떤 기억을 저마다 갖고 있을 것이다. 집에서 편히 쉬고 있던 나에게도 날벼락 같은 밤이었다. 무시무시한 문구로 채워진 〈계엄사령부

포고령〈제1호〉〉(이하 〈포고령〉)을 읽으며 기자로서 특히 "모든 언론과 출판은 계엄사의 통제를 받는다"라는 제3항에서 눈을 뗄 수 없었다. 〈포고령〉 맨 마지막도 살벌하긴 마찬가지다. "위반자는 영장 없이 체포, 구금, 압수수색을 할 수 있으며, 계엄법에 의하여 처단한다." 소름 돋는 문구다. 1970~1980년대로 되돌아간 듯했다.

고소득 국가가 되면 민주주의가 공고화한다는 게 국제정치학의 통념이다. 역사상 1인당 국민소득이 8000달러를 넘은 민주주의 국가에서 쿠데타나 계엄령 같은 헌정중단 사태가 발생한 적은 없다.[2] 두터운 중산층, 높은 수준의 부와 교육, 다원화된 민간 영역이 민주주의의 탄탄한 가드레일 역할을 하기 때문이다. 1인당 국민소득이 3만6000달러에 이르는 나라에서 친위 쿠데타가 성공했다면 민주주의 이론이 새로 쓰여야 할 판이었다. 그만큼 12·3 비상계엄 사태는 세계사적으로도 예외적 사건이다. 비록 시민들과 국회가 계엄령을 불과 2시간 33분 만에 해제함으로써 민주주의의 빠른 회복력을 보여주긴 했지만, 계엄 선포 자체만으로도 한국 민주주의의 취약성이 드러난 사건이다. 나를 포함해 한국인 대다수가 민주주의가 공고화 단계에 들어섰다고 믿었지만, 사실은 여전히 '불완전한 민주주의' 국가에 살고 있었던 것이다.

실제로 스웨덴 예테보리대학 '민주주의다양성연구소V-Dem'는 2025년 3월 발표한 〈2025 민주주의 보고서〉에서 한국의 민주주의 수준을 기존 '자유민주주의'에서 한 단계 낮은 '선거민주주의'로 강등시켰다. 한국이 민주주의적 선거 제도는 갖추고 있으나 민주주의 기본 원칙이 제대로 작동하지 않고 있다는 의미다.

이 연구소는 세계 179개국의 민주주의 수준을 4단계(폐쇄적 독재-선거독재-선거민주주의-자유민주주의)로 분류한다. 한국은 박정희·전두환 정권 시절 선거독재 단계에서 1987년 민주화운동의 성과에 힘입어 선거민주주의 단계로 올라섰으며, 1993년 문민정부 출범으로 자유민주주의 단계에 진입했다. 선거민주주의 단계로 퇴보한 것은 32년 만에 처음이다. 자유민주주의로 분류되기 위해선 행정부에 대한 견제와 균형, 법 앞의 평등, 시민적 자유 존중, 입법부와 사법부 독립성이 보장되어야 하는데 그에 못 미친다는 냉정한 진단이다.[*] 입만 열만 '자유'를 외치던 대통

---

[*]   민주주의다양성연구소는 민주주의 국가를 71개 지표로 평가해

령이 집권한 시기, 한국 민주주의에 대한 객관적 평가에서 '자유'가 떨어져 나간 것은 아이러니다.

민주주의는 시민의 집이다. 집은 비바람과 사회적 위험을 막아주는 안식처이자, 사랑과 유대감으로 삶을 영위하게 해주는 공동체의 공간이다. '민주주의의 집'을 지탱하는 것은 하나의 주춧돌과 여섯 개의 기둥이다. 주춧돌은 헌법이며, 여섯 개의 기둥은 행정부, 입법부, 사법부, 언론, 독립적 국가기관, 시민사회다.

한국과 같은 대통령제 국가에선 행정부가 위임받은 권력을 통해 국정을 주도하지만, 독재로 변질되지 않도록

선거민주주의/자유민주주의 국가로 구분한다. 선거민주주의 지수EDI는 정치학자 로버트 달의 폴리아키(민주주의 정치체제) 개념에 기반해 자유롭고 공정한 선거, 개인 기본권 보호, 표현의 자유, 결사의 자유 등 민주주의 제도의 실현 정도에 따라 등급을 매긴 것이다. 자유민주주의 지수LDI는 여기서 더 나아가 행정부에 대한 견제와 균형, 시민적 자유 존중, 법 앞의 평등, 의회와 사법부의 독립성 등을 기준으로 각 국가를 평가한다. 2024년 기준으로 자유민주주의는 29개국이며, 한국은 41위로 선거민주주의 국가로 분류됐다. 한국의 순위는 2016년 37위에서 2018년 13위까지 올라갔으나, 이후 2020년 17위, 2022년 28위, 2023년 47위로 후퇴했다.[3]

나머지 다섯 개 기둥이 견제하고 감시해야 민주주의와 시장경제가 꽃을 피울 수 있다. 그렇지 않으면 권력은 괴물이 되고 사회는 독재의 나락으로 떨어진다. 윤석열은 대통령을 견제함으로써 민주주의를 지탱하는 나머지 다섯 개 기둥을 송두리째 흔들어놓았다. 놀란 시민들이 집에서 뛰쳐나와 가까스로 수습했지만 우리는 한동안 괴물이 된 국가권력을 고통스럽게 마주해야 했다.

이 책은 지난 3년간 우리 사회 곳곳이 어떻게 그리고 얼마나 퇴보했는지 돌아보는 기록이다. 윤석열 검사정권이 정치·경제·외교·국방·역사·권력기관·언론·과학기술·의료 등 거의 모든 사회 영역을 어떻게 후퇴시켰는지 구체적으로 들여다볼 것이다. 또한 한국 민주주의가 30년 넘게 발전해왔지만 왜 윤석열이라는 독재자의 출현과 권력남용을 제대로 막지 못했는지 살펴볼 것이다. 마지막으로, 민주주의의 집을 다시 견고하게 짓는 데 필요한 것들을 몇 가지 제언하고자 한다.

차례

검찰공화국의

V1, V2

정치

1

2021년 7월 검찰총장직에서 사퇴하는
윤석열. '헌법정신과 법치의 파괴를
두고 볼 수 없다'며 정치를 시작했지만,
그의 행보는 이해관계를 조정하는
'정치인'보다는 유무죄를 다투는
'검사'에 가까웠다. 대한민국의
정부수반이 된 뒤에도 여전히 법복을
입은 양 참모진과 정부 요직을 검찰
인맥으로 채우고, 야당과 비판 세력을
피의자 다루듯 대했다.

검찰청을
옮겨놓은
대통령실,

수사하듯
정치하는
대통령

윤석열 정권 출범을 며칠 앞둔 2022년 5월 5~6일, 종로구 통의동 대통령직 인수위 사무실에 모인 기자단에선 탄식이 터져 나왔다. 권부의 핵심인 대통령실 비서관 인사에서 검찰청의 이른바 '윤석열 라인'이 대거 등용됐기 때문이다. 인사비서관 이원모, 공직기강비서관 이시원, 법률비서관 주진우, 인사기획관 복두규, 총무비서관 윤재순, 부속실장 강의구… 짐작했지만 짐작의 정도를 뛰어넘는 인선이었다. 윤석열의 검찰총장 시절 대검찰청 진용을 통째로 이식했다는 소리가 나왔다.

　　여기서 끝이 아니다. 정부 출범 일주일 만인 5월 17일, 대통령은 법무부 장관에 한동훈 사법연수원 부원장을 임명한다. 여당의 반발에도 아랑곳없었다. 그것도 국회 시정연설에서 여야 협치를 강조한 뒤 단 하루 만에 벌어진 '정권의 검찰화' 인사의 화룡점정이다. 말로는 의견을 듣겠다면서도 행동은 '마이웨이'로 밀어붙이는 윤석열식 국정운영의 시작이다.

검사들의 전성시대

'정권의 검찰화'는 윤석열의 인사 스타일과 인적 네트워크의 한계를 드러낸다. 그는 검사 시절에도 함께 일해본 특수통 검사들을 유독 중용한다는 평을 들었다. 문제는 대통령이 되고 나서도 이런 방식을 고집했다는 점이다. 특히 대통령실 가운데서도 핵심인 인사 및 공직기강 비서관, 무엇보다 법무부 장관에 최측근 검사를 앉힌 장면은 이 정권의 정체성과 행보를 압축해 보여준다.

과거 청와대 민정수석실에서 관장하던 검증 업무는 법무부로 넘어갔다.* 이후 윤석열 정권에서 고위 공직자의 추천(대통령실 인사기획관), 검증(법무부 인사정보단), 임명(대통

---

* 윤석열 정권 출범과 동시에 폐지했던 민정수석실은 22대 총선 직후인 2024년 5월 부활했지만, 조직의 장인 수석비서관과 예하 비서관 모두 검사 출신이 차지했다.

령)에 이르는 전 과정은 검사(출신)들이 도맡았다. 여기에 법무부 장관에 '윤석열의 복심' 한동훈을 앉힌 것은 대통령이 검찰을 직할하겠다는 의도로 읽혔다. 정권에 비판적인 인사들은 바로바로 손볼 수 있는 시스템을 갖춘 것이다.

국가정보원 기조실장 역시 검사 출신이 차지했다. 기조실장 조상준은 윤석열의 장모 최은순의 변호인이기도 하다. 요컨대 인사·사정·정보 부처의 핵심을 모두 검사로 채운 셈이다. 검찰 인맥은 대통령실을 넘어 내각의 요소요소에도 빠짐없이 자리했다. 심지어 국무총리 비서실장, 교육부총리 정책보좌관 등에도 검사의 이름이 어른거렸다. 출범 1년간 대통령실과 내각에 포진한 전·현직 검찰 인사는 136명에 이르렀고, 이 가운데 장·차관급만 13명에 달했다.[4] 군사정권 시절 육사 출신이 청와대와 정부를 점령한 것에 비견될 이런 인사를 2년 6개월 남짓한 임기 내내 고수함으로써, 윤석열은 자신의 정부가 명실상부한 '검찰 정권'임을 스스럼없이 드러냈다.

물론 검찰 인맥만으로 대통령실과 내각을 구성할 수는 없다. 겉보기에 정권 초기 대통령실은 서너 개 분파로 구성됐다. 검찰, 이명박계, 구 민주당계, 그리고 김건희 라인이다. 정치권에서는 주로 이명박계 인사들이 중용되었다. 2016년 국정농단 사건으로 박근혜계가 절멸한 상황에서 불가피한 선택이었을 것이다. 김대중 정권의 청와대 국정상황실장으로 재직한 장성민이 대통령실 정책조정기획관으로 발탁되는 등 구 민주당계 인사의 영입도 눈길을 끌었다.

그러나 권력을 움직이는 건 어디까지나 검찰 인맥이었다. 이들은 인사와 정보를 쥐고 정권의 컨트롤타워로 군림했다. 대통령 부인 김건희의 사람들도 대통령실 곳곳에 배치됐다. 이른바 '김건희 라인'을 통해 드러난 대통령 부인의 국정개입 정황은 당정갈등, 나아가 정권 몰락의 불씨가 된다.

국민의힘 내에선 이른바 윤핵관(윤석열 핵심 관계자)이 실세로 등장했다. 원내대표 권성동(선대위 사무총장)과 장제원(대통령 당선인 비서실장), 이철규(대통령 당선인 총괄보좌) 등이 당 대표 이준석과 건건이 충돌하며 '윤심'을 관철하는 데 주도적 역할을 했다. 이 가운데 권성동·이철규는 각각 검사와 경찰 출신이다. 집권여당의 실세도 사정기관 출신인 셈이다. 윤석열은 이들을 통해 당 위에 군림했다. 마치 검찰 조직을 운영하는 것처럼 당에도 복종을 요구하며 임기 내내 파열음을 냈다.

검찰 특유의 조직 문화(검사동일체 원칙에 따른 상명하복과 일사불란)는 그대로 윤석열 정권의 국정운영에 고스란히 반영된다. 특히 검찰·경찰·감사원·국세청·국정원 등을 동원한 '사정 만능주의'가 그랬다.

상대를 유무죄로 판단하는
윤석열식 정치

정권의 이런 특성을 온몸으로 드러낸 이는 바로 대통령 윤석열이다. 그는 제1야당이자 국회 다수당인 민주당 대표 이재명을 취임 때부터 2년간 한 차례도 만나지 않았다. 아무리 대통령제 국가라지만 여소야대 상황에서 대통령은 야당에 양보하고 타협할 수밖에 없다. 노태우, 김대중, 노무현이 그랬다. 반면 집권 4년차 총선에서 참패하며 여소야대를 맞이한 박근혜는 말로만 협치를 운운할 뿐 일방적 국정운영을 멈추지 않았고, 결국 임기를 채우지 못했다. 윤석열에겐 박근혜가 했던 '시늉'조차 찾아볼 수 없었다. 여권에선 이재명이 연루된 몇몇 형사사건을 핑계로 대통령이 왜 범법자를 만나느냐고 생각한다는 얘기가 공공연히 돌았다.

정치적 반대파를 대할 때도 말보다 칼이 앞섰다. 대통령실이나 여당, 우익단체가 혐의를 제기하면 감사원·국민권익위원회 등이 조사에 나서고, 이를 검찰이 받아 이 잡듯 뒤지는 공식이 반복되었다. 대상은 야당과 전 정권 인사를 넘어 노동조합과 언론으로 확대되었다. '정치를 수사하듯, 수사를 정치하듯' 한다는 말은 과장이 아니다.

검찰식 국정운영은 경제·사회 영역에서도 나타났다. 윤석열은 검찰 외에도 대통령실과 내각의 요직에 모피아 Mofia[*]를 중용했다. 대통령실에는 비서실장 김대기, 경제수석 최상목이 자리를 잡았다. 내각의 국무총리 한덕수, 경제부총리 추경호, 금융위원장 김주현, 보건복지부 장관 조규홍 등도 모두 기획재정부 출신이다. 이들 모피아가 경제부처를 넘어 사회부처 수장 자리까지 꿰찬 것은 이 정권이 최초다. 검찰이 인사·사정·정보 등 권력기관을 독차지했다면 모피아가 행정부 요직을 과점하는 모양새를 두고 일각에선 '검찰과 기재부의 나라'라며 비아냥댔다. 1980년대 전두환이 경제를 전문 관료에게 일임한 것에 비유하는 시

[*] 현 기획재정부의 재무부 시절 약칭인 MOF와 마피아의 합성어. 정계·금융계 등에 진출해 영향력을 행사하는 기재부 관료 집단을 말한다.

각도 존재했다. 아이러니한 것은 그렇게 모피아가 장악했다는 윤석열 정권에서 모피아가 가장 싫어할 '금융 포퓰리즘' 정책이 남발되었다는 점이다.

윤석열은 밀턴 프리드먼의 《선택할 자유》(1980)를 '인생 책'으로 손꼽으며 이른바 '작은정부'와 '건전재정'을 강조했고, 임기 내내 이 기조를 밀어붙인다. 문제는 그 시기가 불황과 저성장과 맞물렸다는 것이다. 재정정책의 보수성에서 둘째가라면 서러울 기재부 관료들조차 불경기엔 돈을 푸는 유연성을 가지지만, 이 정부에선 그런 낌새를 볼 수 없었다. 이 정권이 청년층 지지를 의식해 추진한 공매도 금지나 금융투자소득세 폐지에서도 반대 목소리는 들리지 않았다. 평소라면 기재부가 나서서 '글로벌 스탠더드'와 어긋난다며 팔을 걷어붙이고 막아설 사안인데도 말이다.

"모피아가 이렇게 중용받은 적이 없다. 그만큼 국가에 기여를 해야 할 텐데, 이렇게 조용할 수가 없다." 기재부 출신 전직 관료의 말이다. 대통령 앞에서 이견을 낼 수 없는 분위기가 형성되었고, 아마추어적이고 '글로벌 스탠더드'에 어긋나는 정책이 거침없이 추진됐다. 이는 한국 경제가 수렁에 빠져드는 요인으로 작용했다.

직언불가,
상명하복 정치가 부른 재앙

윤석열 정권의 한 경제부처 수장을 사석에서 만난 적이 있다. 경제정책의 난맥상을 하나하나 지적하며 따지듯 물었다. 그의 평소 소신과 정반대로 나아간 정책 방향에 대해서도 꼬집었다. 그러나 묵묵부답, 어쩔 수 없다는 그의 무력한 표정에서 직언이 불가능한 상황이라는 게 짐작됐다.

인사가 만사라 했다. 평생 검사로만 살아와 인적 네트워크가 부실한 윤석열이라면 더욱더 인재를 널리 구해야 했다. 정치 초보의 국정운영을 보좌해줄 역량 있는 정치인을 대통령실과 내각에 들여야 했다. 이들의 조언에 귀를 기울여야 했다. 그러나 그는 그렇게 하지 않았다. 그 대신 '윤석열 사단'으로 통칭되는 검찰 출신을 요직에 배치했다. 윤석열 주변의 정치인은 대개 사적으로 얽히거나 대선 캠프에서 인연을 맺은 인사들이었다. 불행히도 이들은 정계에서 실력을 인정받은 부류가 아니었고, 거기에서조차 대통령에게 밉보인 이들은 권력에서 멀어졌다.

끼리끼리와 견제는 상극이다. 대통령실과 행정부는 물론 여당에까지 상명하복과 일사불란을 이식하려고 든 검찰총장식 국정운영은 결국 정권의 조기 종식을 자초한다. 지지율 추락과 여소야대 정국에 몰린 윤석열이 비상계엄이라는 극단적인 수단을 만지작거릴 때 측근과 참모 가운데 그 누구도 이를 제어하지 못한 것이다. 그의 주변엔 '충성맨'과 '예스맨'만 존재했다. 검찰공화국은 대한민국의 비극이다.

시작은
용산이로소이다,

무속에
잡아먹힌
국정 시스템

2021년 9~10월 국민의힘 대통령 후보 경선 5차 토론회
는 한국인들에게 기이한 광경으로 남아 있다. 당시 유력 후
보 윤석열이 손바닥에 王(임금 왕)자를 새기고 등장했기 때
문이다. 그는 토론 도중에도 곧잘 손바닥을 펴 王자를 보란
듯이 화면에 노출했다. 부적이나 주술을 연상케 하는 이 장
면은 무속 논란으로 번졌고, 윤석열이 같은 행동을 앞선 두
차례 토론에서도 반복했다는 사실이 드러났다. 정치인과
풍수지리는 흔히 엮이는 가십거리다. 그러나 이성과 논리
의 다툼이어야 할 대선후보 토론회에서 유력 정치인이 스
스로 무속 논란을 일으킨 경우는 처음이다.

6차 토론회에서 홍준표 등 상대 후보들이 이를 문제
삼자 윤석열은 "응원 개념으로 대수롭지 않게 생각"했다

며 "우리 아파트에 몇 분이 몰려다니는데 두 번은 작게, 세 번째는 크게 써주셨다. 차에서 지워도 안 지워지더라"라고 해명했다. "윤 후보의 王자 부적 문제가 외신에도 보도됐다. 국제 망신이다"라는 홍준표의 공격에는 "국민께 송구하다"면서도 "부적이라고 생각했으면 손바닥에 그러고 다녔겠느냐"고 대꾸했다. 윤석열 캠프에선 "손을 손가락 위주로 씻은 것 같다"는 말 같잖은 핑계를 내놓기도 했지만, 이때만 해도 해프닝으로 넘어가나 싶던 무속 논란은 대선 이후 본격적으로 재점화한다.

내가 우기면 통한다
제왕적 대통령 놀이의 예고편

선거 닷새 만인 2022년 3월 15일, 대통령 집무실(이하 대통령실)을 용산으로 이전한다는 소식이 전해졌다. 청와대를 이전한다는 공약은 있었지만, 기존 후보지인 광화문이 아니라 용산 국방부 청사로 간다는 계획이 전격 공개된 것이다. 국가 중대사를 섣불리 결정한다는 비판이 쏟아졌지만, 3월 20일 기자회견에 나선 대통령 당선인 윤석열은 요지부동이었다. 그는 "일단 청와대 경내로 들어가면 제왕적 권력의 상징인 청와대를 벗어나는 것이 더욱 어려워질 것"이라며 청와대엔 단 하루도 머물지 않을 것이고, 불과 한 달 반 뒤에 있을 취임식도 용산에서 하겠다고 선언한다.

평범한 사람도 집을 구하고, 계약하고, 이사를 마치는 데까지 최소한 서너 달은 걸린다. 하물며 대통령실 이전은 몸만 가면 되는 일이 아니다. 30년 넘게 사용해온 대통령의 집무실은 물론 경호·보안 체계와 시설, 비서실 공간 등을 처음부터 다시 설계해야 할뿐더러 그 자리를 내주는 국방부를 비롯해 합동참모본부 등 관련 조직의 연쇄 이동이 불가피한 대역사다. 예산도 마련돼 있지 않았다. 그런 일을 아직 임기를 시작하지도 않은 당선인이 한 달 반 만에 끝내겠다고 단언하는 데는 모종의 다른 이유가 있으리라는 합리적 의심이 일었다.

마침 대통령이 '선생'이라고 칭한다는 역술인 천공이 2018년 8월 '용산 시대'를 예견했다는 보도가 나왔다. 당시 천공은 '용산이 힘을 쓰려면 용이 여의주를 물고 와야 하며, 용은 최고의 사람, 여의주는 바로 법'이라고 말했다. 윤석열이 그의 조언을 받아들인 것 아니냐는 의혹은 그럴듯하게 번졌다. 이와 관련해 당선자의 부인 김건희 역시 대선 국면이던 2021년《서울의소리》기자 이명수와의 통화에서 청와대 영빈관을 옮길 거라고 언급했고, 정권 말기인 2024년 11월 24일에는 김건희에게 청와대 이전을 조언했다는 정치 브로커 명태균의 통화 녹취가 공개되기도 했다. 해당 녹취 파일에서 "당선인이 광화문 그쪽으로 (이전)할 모양인가 보네"라는 물음에, 명 씨는 "경호고 나발이고, 내가 '거기(청와대) 가면 죽는다'고 했는데, 본인 같으면 가나?" 하고 되묻는다. 그러고는 "청와대 뒤 백악산은 좌로 대가리가 꺾여 있고, 북한산은 오른쪽으로 꺾여 있다"라며 대통령 집무실 이전이 명 씨 자신이 김건희에게 청와대 터의 풍수적 약점을 지적함으로써 시작된 것인 양 이야기한다.[*]

　청와대의 폐쇄성은 익히 지적되어온 문제다. 그런 청와대 이전이 대선 때마다 공약으로 등장하면서도 매번 흐지부지된 것은 공화국 정부수반의 집무공간과 거처를 옮기는 일이 그만큼 고려할 게 많은 백년지계이기 때문이다.

---

[*]　　녹취를 공개한 더불어민주당은 해당 통화가 2022년 4월의 일이라고 밝혔다. 다만 당시엔 국방부 청사를 새로운 청와대 후보지로 추천하는 일부 언론의 보도도 있었기에, 대통령 집무실 이전 과정에 천공과 명태균 등 무속의 영향력이 얼마나 작용했는지는 불명확하다.

윤석열 자신의 말마따나 '임기 5년이 뭐 대단하다고, 겁도 없이' 밀어붙일 일은 더더욱 아니다. 그는 대통령실 이전의 명분을 '제왕적 대통령이 되지 않기 위해서'라고 내세웠다. 그러나 오롯이 윤석열 1인의 고집에 따른 자의적 이전이야말로 제왕적 대통령제의 표본이다. 조선시대의 제왕들도 이렇게 준비 없이 왕궁을 옮기지는 않았다.

취임도 하기 전의 막무가내 행보가 관철되면서 윤석열은 체득했을 것이다. 말이 되든 안 되든 자신이 우기면 통한다는 걸. 대통령실 용산 이전은 임기 내내 이어진 거침없는 제왕적 대통령 놀이의 예고편이다.

정권에 어른거리는
무속의 그림자

무속은 윤석열 정권을 읽는 키워드 중 하나다. '건진 법사' '천공 선생' '명태균 도사' 이 세 사람은 아무런 공직에 있지 않음에도 윤석열 임기 내내 호명되며 구설을 일으켰다. 건진은 대선 캠프의 일원이자 '손바닥 王자' 사건과 관련돼 있다는 의심을 받았다. 천공은 대통령실 이전과 대왕고래 프로젝트(동해 가스·석유 탐사), 탄핵 이후 윤석열의 '버티기 행보'와 관련한 각종 예언으로 주목받았다. 명태균은 풍수와 꿈자리를 운운하며 윤석열 부부의 조언가를 자처한 것으로 알려져 있다. 이 가운데 건진은 공직선거법 위반 혐의로, 명태균은 국회의원 공천개입 의혹 혐의로 검찰의 수사를 받고 있어 조만간 진상이 드러날 것으로 보인다.

무속과 대통령 윤석열을 잇는 매개는 그의 부인 김건희다. 건진, 천공, 명태균 모두 그런 경우다. 김건희는 주술 관련으로 박사학위 논문을 받았다. 그는 《서울의소리》 기자와의 녹취록에서 스스로를 "되게 영적인 사람"이라고 칭하며 "남편에게도 약간 영적인 기가 있다"고 말한다. 그래서 인연이 됐다고도 했다. 김건희가 자신의 영적 능력을 비범하게 평가하는 것은 그의 자유다. 문제는 그런 이가 국정에 개입할 때의 부작용이다. 실제로 그랬다. 대통령실 내부에 대통령 부인의 뜻에 복무하는 '여사 라인'이 존재하고, 김건희가 이 '여사 라인'을 통해 여러 사안에 개입했다는 건 공공연한 비밀이다.

국정은 시스템으로 돌아가야 한다. 그렇지 않으면 부작용이 나타나기 마련이다. 막무가내로 진행된 대통령실 용산 이전은 국가안보의 공백이라는 우려를 부르는 동시에 재정에 막대한 부담을 안겼다. 대통령 부부에게도 부메

랑으로 돌아왔다. 무속 논란에 휩싸이며 정권 초기부터 지지도가 추락했고, 대통령실 이전 공사 과정에서도 특정 업체를 둘러싼 특혜 논란과 부실공사 의혹이 불거졌다.

구중궁궐에서 벌어지는 일의 진상을 언론이나 야당이 소상히 알기는 어렵다. 겉으로 드러나는 비상식적 상황을 보며 짐작할 뿐이다. 결국 일차적 감시와 견제는 권력 내부에서 이뤄져야 한다. 그러나 대통령 친인척의 비위를 예방하는 특별감찰관은 임기 내내 공석이었고, 대통령 부인을 보좌하는 제2부속실은 폐지되었다가 정권 말기에 가서야 부활했다.

여당은 어떨까? 윤석열을 정계로 불러들이며 정권 창출의 일등공신으로 올라선 윤핵관(장제원, 권성동, 이철규, 윤한홍 등)은 대통령에게 쓴소리 한마디 못하는 '집사' 역할에 머물렀다. 자정 기능이 없는 조직은 무너지게 되어 있다. 윤석열이 최측근의 고언조차도 듣기 싫어하는 성향임을 감안해도 윤핵관의 책임이 가볍지 않다. 이들은 윤석열이 비상계엄 선포라는 반민주적 폭거를 저지른 뒤에도 그를 감싸는 데 급급했다. 사면초가의 윤석열이 여론 반전을 위해 극우와 결탁할 때조차 선을 긋지 못했다. 그 결과 국민의힘은 그야말로 '극우의힘'으로 쪼그라들었다. 개인적

인연과 의리에 얽매여 정치 윤리를 저버린 이들의 행태가 한국 민주주의에 끼친 해악은 넓고 깊다.

대선후보 윤석열이 손바닥에 王자를 새긴 채 토론회에 등장하고, 무속인이 그의 선거운동에 개입할 때 더 철저히 검증해야 했다. 정치학자 스티븐 레비츠키와 대니얼 지블랫은 《어떻게 민주주의는 무너지는가》(2018)에서 정당을 '민주주의의 문지기'라고 정의한다.[5] 대중의 인기를 기반으로 권력의 무대로 진입하려는 대중선동가를 기성 정당과 정치인이 힘을 합쳐 걸러내야 한다는 것이다. 한국의 집권여당과 윤핵관은 그 문지기 직무를 유기했고, 그 결과 한국 민주주의가 휘청하고 있다.

대통령이
허락한

언론의
자유

2022년 6월 '성명불상자'가 《한겨레》 기자를 마포경찰서에 고발했다. 사유는 제3자 명예훼손죄. 그해 4월 27일 〈"여기가 마음에 들어" 임장하듯 관저 결정?〉이란 제목의 《한겨레》 단독보도[6]를 문제 삼은 것이다. 당시 대통령직 인수위원회는 새 대통령 관저를 육군참모총장 공관으로 정했다가 외교부 장관 공관으로 변경했다. 《한겨레》는 그 과정에서 외교장관 공관을 방문한 김건희의 의중이 크게 작용한 정황을 짚었는데, 이 보도가 김건희의 명예를 훼손했다는 것이다.

언론 보도에 문제를 제기할 때는 언론중재위원회에 반론·정정보도를 청구하는 게 일반적이지만, '성명불상자'는 바로 경찰에 고발하는 방법을 택했다. 경찰은 고발 주체가 누구인지 확인해주지 않았다. 언론이 공적인 사안을 취재·보도한 것에 대한 형사고발도, '성명불상자'라는 고발 주체도 이례적이었다. 언론의 권력 감시 활동을 방해하는 동시에 고발 주체를 밝히지 않음으로써 언론의 방어권을 봉쇄하려는 의도가 엿보였다.

몇 달 후 고발 주체는 국민의힘으로 드러났다. 윤석열 정권은 임기 내내 비판적 언론과의 전쟁을 벌였다. 이때 전가의 보도처럼 사용한 게 명예훼손 소송이다. 《한겨레》에 대한 고발은 그 서막이었다.

미디어 프렌들리 정권의
뒤끝

윤석열도 처음엔 '미디어 프렌들리'를 강조했다. 대통령 집무실을 용산 국방부청사로 옮기면서도 국민과의 소통 공간을 넓힌다는 명분을 내세웠다. 취임 초 아침 출근길마다 약식회견(도어스테핑)을 진행한 것도 같은 이유였다. 그러나 이런 소통은 반년을 채 넘기지 못한 2022년 9월 이른바 '바이든-날리면' 비속어 파문을 계기로 중단된다.

이 사건은 미국 뉴욕에서 열린 '글로벌펀드 재정공약

회의'에 참석한 윤석열이 미국 대통령 조 바이든과 48초간 짧은 대화를 마친 뒤 행사장을 빠져나가면서 벌어졌다. 참모들과 걸어 나오던 윤석열이 "국회에서 이 새끼들이 승인 안 해주면 바이든은 쪽팔려서 어떡하나"라고 말하는 듯한 장면이 방송사 카메라에 포착된 것이다.

미국 의회와 대통령을 깎아내리는 발언과 비속어 사용으로 논란이 커지자 대통령실 홍보수석 김은혜가 현지에서 브리핑을 열었다. 대통령에게 확인해보니 해당 발언은 "(한국) 국회에서 이 새끼들(국회의원들)이 승인 안 해주고 날리면 쪽팔려서…"라는 설명이었다. 헛웃음이 나오는 해명에 음성분석 전문가가 소환되고 인터넷엔 문제의 영상으로 만든 청취력 테스트 놀이가 유행처럼 퍼져나갔다.

문제는 이에 대한 정권의 대응 방식이다. 대부분의 언론이 이 내용을 보도한 상황에서 《MBC》만 콕 집어서 문제 삼은 것이다. 대통령실은 대통령의 음성 녹음이 부정확한 상황에서 《MBC》가 "바이든"이라는 자막을 달아 내보냈다며 왜곡보도라고 주장했다. 윤석열은 자신의 발언을 해명하는 대신 "동맹관계를 '가짜뉴스'로 이간질하려는 악의적 행태"라며 《MBC》를 비난하고 나섰다. 대통령실은 《MBC》에 보도 경위를 밝히라는 질문서를 보냈고, 외교부는 정정보도 청구 소송을 제기했다. 국민의힘은 '《MBC》 편파·조작방송 진상규명 태스크포스'를 만들어 《MBC》 사장과 보도국장, 취재기자 2인을 명예훼손 혐의로 고발했다. 그야말로 정권 차원의 전방위적 압박에 나선 셈이다. 그러고도 모자랐는지 그다음 달인 10월엔 대통령 순방을 취재하러 나선 《MBC》 기자들의 전용기 탑승을 막는 뒤끝까지 선보였다.

외국의 정상들도 가끔 방송이나 녹음 장비의 존재를 의식하지 못한 채 나눈 사적인 대화가 공개되어 곤경에 빠지기도 한다. 이를 '핫마이크 스캔들'이라고 한다. 그러나 그런 일을 법정으로 끌고 가거나 언론사의 취재권을 제한하는 조치를 취하지는 않는다.

윤석열 정권의
위기 대응 5원칙

'바이든-날리면' 사건은 악재가 터졌을 때 윤석열 정권의 대응 방식을 전형적으로 보여준다. 공식은 이렇다. 첫째, 마치 아무 일도 없었던 것처럼 행동한다. 필요하다면 스핀닥터spin doctor(사안을 비틀어 포장하거나 이슈의 방향을 바꾸는 홍보 기술자)를 동원한다. 둘째, 사과는 없다. 비속어의 대상이 미국 의회가 아니라 한국 국회라면 여야를 막론한 대한민국 국회의원들에게 사과해야 마땅하지만 그렇게 하지 않았다.

셋째, 문제를 제기한 당사자에게 책임을 떠넘긴다. 이 사건에서 보듯 권력자의 부적절한 발언을 보도한 언론이 국익을 해쳤다며 적반하장으로 나가는 식이다. 그것도 한미동맹을 위협하려는 의도라는 프레임까지 씌웠다. 넷째, 화풀이를 잊지 않는다. 대통령 전용기 탑승 배제처럼 말이다. 다섯째, 법정으로 끌고 가 괴롭힌다.

그러나 강압과 겁박으로 누를수록 나중에 더 큰 화로 돌아오는 게 세상 이치다. 예컨대 2024년 3월 대통령실 시민사회수석 황상무는 기자들과의 오찬 모임에서 군사독재 시절 '회칼 테러 사건'*을 언급하며 《MBC》 기자를 협박했다. 그는 당시 "MBC는 잘 들어. (…) 내가 정보사 나왔는데, 1988년 경제신문 기자가 압구정 현대아파트에서 허벅

---

*   1988년 8월 육군정보사령부(현 국군정보사령부) 소속 군인들이 당시 《중앙경제신문》 사회부장 오홍근을 칼로 찌르고 구타한 사건. 정권과 군사문화를 비판한 기자를 상대로 저지른 노태우 정권의 대표적 언론탄압-백색테러 사례다.

지에 칼 두 방이 찔렸어"라고 말했다고 한다.[7] 문제가 불거지자 황상무는 '농담'이라며 어물쩍 넘어가려고 했다. 그러나 이 사건으로 22대 총선을 한 달 앞둔 수도권 여론은 급격하게 악화한다. 여당에서도 사퇴 요구가 터져 나오면서 사건 엿새 만에 자진사퇴했지만, 선거 참패를 막을 수는 없었다.

검찰과 군,
언론 통제의 왼팔과 오른팔

정권의 비판 언론 압박은 갈수록 노골화했다. 2023년 9월 대통령실은 21대 대선 사흘 전 공개된 《뉴스타파》의 〈김만배-신학림 인터뷰〉를 두고 "희대의 정치공작 사건"이라며 강도 높게 비판하고 나선다. 대통령실은 '대통령 고위관계자 성명'이라는 전례없는 형식의 입장문에서 "대장동 사건 몸통을 '이재명'에서 '윤석열'로 뒤바꾸려 한 정치공작적 행태가 서서히 드러나고 있다"라고 주장했다.

여당과 검찰이 곧바로 호응했다. 이틀 뒤 검찰은 '대선개입 여론조작 사건 특별수사팀'을 꾸리고 베테랑 검사 10여 명을 투입했다. 지난 대선 당시 유력 후보였던 윤석열에게 불리한 내용을 허위로 인터뷰해 보도했다는 게 핵심이다. 사건 배후로 민주당 대표 이재명 쪽을 지목한 검찰은 해당 기사를 인용 보도한 언론인들까지 싸잡아 수사에 나섰다. 그러나 10개월에 걸친 대대적 수사는 인터뷰 당사자인 김만배와 신학림을 구속기소하고, 해당 인터뷰를 보도한 《뉴스타파》의 대표와 기자를 불구속기소하는 데 그쳤다. 심지어 재판에서는 판사가 검사의 공소 사실을 조목조목 반박하며 공소장 변경을 요구하기도 했다. 그만큼 허술한 수사라는 의미다.

이 사건이 고약한 것은 검찰이 '대통령 명예훼손' 혐의로 기자들을 수사했다는 점이다. 이는 1987년 민주화 이후 전례가 없는 일로, 검찰권을 남용한 대통령의 언론 탄압과 다름없다. 《미디어오늘》에 따르면 2024년 12월 25일까지 윤석열에 대한 비판적 보도를 이유로 고소·고발을 당하거나 수사를 받은 언론인이 소속된 매체가 14곳에 이른다.[*]

급기야 윤석열은 군을 동원해 언론을 통제한다는 망

---

[*] 해당 매체는 《경향신문》《뉴스버스》《뉴스타파》《뉴스토마토》《리포액트》《서울의소리》《한겨레》《한국일보》《CBS》《KBS》《MBC》《TBS》《JTBC》《UPI뉴스》 등이다.

상까지 실행하려고 들었다. 12·3 비상계엄 〈포고령〉의 3항은 이렇다. "모든 언론과 출판은 계엄사의 통제를 받는다." 〈포고령〉 말미에는 "위반자는 영장 없이 체포·구금·압수수색할 수 있으며, 계엄법 제14조에 의하여 처단한다"는 살벌한 위협을 덧붙였다. 그것도 "자유민주주의를 수호"하기 위해서라는 궤변까지 적시하면서 말이다. 나중에 드러난 일이지만 다섯 군데 언론사(한겨레, 경향신문, MBC, JTBC, 여론조사꽃)엔 실제 단전·단수 조치가 계획되기도 했다. 실행되었다면 이들 언론사의 신문 발행이나 방송 송출이 원천봉쇄되었을 것이다.

국제인권단체 프리덤하우스는 〈2025 세계자유 보고서〉에서 언론 탄압과 관련해 가장 먼저 한국 사례를 들며 이렇게 언급한다. "한국 당국은 윤 대통령이 계엄령을 선포하기 전에도 윤석열 정권에 비판적이거나 곤란한 보도를 하는 개별 언론인이나 언론사를 일상적으로 겨냥했으며, 민형사상 명예훼손 수사나 압수수색을 진행했다. (…) 민주국가의 권력자들은 언론인을 감금하거나 죽이기보다는 그들이 일을 할 수 없도록 위협, 비방, 법적 괴롭힘 등 좀 더 미묘한 형태의 통제 및 협박을 사용한다."

윤석열 정권 덕에 대한민국이 졸지에 '언론통제국'으

로 전락하고 만 것이다. 언론 자유의 본고장이라 할 영국과 미국에서도 '언론의 자유는 곧 진실을 처벌하는 권력에 맞서는 여정'이라고 표현할 정도로 언론인에 대한 수사는 중대한 언론 탄압이다.[8] 프리덤하우스가 지적하듯, 한국이 다시 '언론자유국'이 되려면 언론 보도를 겨냥한 민형사상 명예훼손 수사나 압수수색을 중단해야 한다. 또한 법·제도적으로 윤석열 정권이 언론 탄압의 도구로 활용한 '사실 적시 명예훼손죄'(형법 307조)는 폐지되어야 한다. 또한 '허위사실 명예훼손죄'에 적용하는 반의사불벌 규정(피해자의 고소 없이도 형사처벌할 수 있지만, 피해자가 원하지 않으면 처벌 할 수 없는 범죄)을 친고죄(피해자의 고소가 있어야 공소를 제기할 수 있는 죄)로 개정해 남용 가능성을 낮춰야 한다.

윤석열이 허락하지 않은
표현의 자유와 언론의 자유

민주주의 사회에서 언론의 자유가 어떤 의미를 갖는지 반문해본다. 비록 도널드 트럼프 행정부에서 위기를 맞고 있다지만, 세계에서 처음으로 현대적 민주공화정을 도입한 미국은 표현의 자유와 언론의 자유를 수정헌법 제1조에

명시하고 있다. 두 가지가 미국 민주주의의 초석임을 뚜렷이 한 것이다. 표현의 자유란 누구나 자신의 생각이나 의견을 양심껏 드러내고 소통하는 것이며, 언론의 자유는 이를 위해 언론기관이 시민의 알권리를 보장하고 권력의 감시자·비판자로 기능하기 위한 자유를 의미한다.

저널리스트 헬렌 토머스는 1960년부터 50년간 백악관을 출입하며 존 F. 케네디에서 버락 오바마까지 10인의 대통령을 취재했다. 백악관 브리핑실의 맨 앞줄 중앙에 자리 잡은 그가 던지는 날카로운 질문은 늘 대통령들을 곤란하게 만들었다. "내가 첫 질문을 하고자 일어설 때면 몸으로 이런 것을 느꼈다. 카터 대통령은 '움찔', 레이건 대통령은 '웅크리기', 아버지 부시 대통령은 '오 노!'라고 말하는 걸."[9]

토머스는 기자들이 권력자에게는 무례해도 괜찮다고 말한다. 권력에 이의를 제기하는 게 기자의 특권인 동시에 책임이기 때문이다. 1996년《모던 머튜리티》라는 잡지와의 인터뷰에서 그는 이렇게 말했다. "우리(언론)는 이 사회에서 대통령에게 정기적으로 질문을 하고 책임을 물을 수 있는 유일한 기관이다. 그렇게 하지 않으면, 그는 왕이 될 수도 있다."

민주주의 국가에서도 견제받지 않는 대통령은 곧 군주가 될 수 있다는 경고다. 2013년 토머스가 타계하자 오바마는 "헬렌은 나를 포함해 대통령들이 긴장의 끈을 놓지 않도록 한 사람"이라고 애도문을 헌정했다.[*]

나는 윤석열 정권 초기부터 대통령의 행보를 우려했다. 그가 언론을 비롯해 어느 누구의 견제도 받지 않으려 하고, 견제를 해도 전혀 개의치 않는 듯한 태도를 보였기 때문이다.

미국 건국의 주역이자 3대 대통령을 역임한 토머스 제퍼슨은 〈자유로운 언론의 필요성에 대해〉(1787)라는 글에서 이렇게 말한다. "우리 정부의 기초는 사람들의 의견에 있기 때문에 첫 번째 목표는 그 의견을 올바르게 유지하는 일이어야 한다. '신문 없는 정부'와 '정부 없는 신문' 가운데 선택해야 한다면, 나는 주저하지 않고 '정부 없는 신문'을 택할 것이다." 개인의 창의적 발상과 혁신은 이런 자유로운 사회 분위기 속에서 발원한다.

영국 사상가 존 스튜어트 밀의 《자유론》(1859)에는

[*] 워싱턴 특파원 시절 이 광경을 목격한 나는 헬렌 토머스의 활약상과 대통령과 언론의 관계에 관한 장문의 기사를 쓴 바 있다.[10]

이런 대목이 나온다. "전체 인류 가운데 단 한 사람이 다른 생각을 한다고 해서, 그 사람에게 침묵을 강요하는 것은 옳지 못하다. 이것은 어떤 사람이 자기와 생각이 다르다고 나머지 사람 전부에게 침묵을 강요하는 일만큼이나 용납될 수 없는 일이다." "만일 그들(의견을 짓밟으려는 사람들)이 특정 의견이 잘못되었다는 확신 아래 다른 사람들이 들어볼 기회조차 봉쇄해버린다면, 그것은 자신들의 생각이 절대적으로 옳다고 가정하는 것이나 마찬가지다. 스스로 완전하다고 전제하지 않는 한 토론을 차단할 수는 없다. 사람들이 흔히 이런 착각에 빠지는 탓에 자기와 다른 생각을 용납하지 못하는 것이다."[11]

　　윤석열은 대통령 임기 내내 자유를 목청껏 외쳤다. 그러나 그 자유는 자신과 아내, 그리고 그가 허락한 일부만을 위한 특권적 자유였다. 언론인과 다수 시민들에게 윤석열 시대 3년은 곧 자유를 잃어버린 3년이었다.

감사원,
권익위,
인권위,

윤석열 부부의
친위대로 전락한
국가기관들

2022년 10월 6일 아침 정부서울청사 국무회의실. 회의에 참석한 감사원 사무총장 유병호가 대통령실 국정기획수석 이관섭에게 보낸 문자메시지가 언론사 카메라에 잡혔다. "오늘 또 제대로 해명자료가 나갈 겁니다. 무식한 소리 말라는 취지입니다." 전임 대통령까지 조사 대상으로 규정한 '서해 공무원 피살 사건*'에 대한 감사원의 감사가 감사위원회 의결이라는 절차를 무시한 채 진행되고 있다는 당

* 2020년 9월 22일 서해 소연평도 해역에서 어업지도활동을 하던 해양수산부어업관리단 소속 공무원이 실종, 38km 떨어진 북방한계선 이북 해상에서 조선인민군의 총격에 숨진 사건이다. 당시 문재인 정권은 자진 월북으로 판단된다고 발표했지만, 정권이 교체된 2022년 6월 해경과 국방부는 월북 시도를 입증할 만한 증거가 없다며 사건 결과를 번복해 논란이 시작되었다.

일 《한겨레》 단독보도[12]에 대해 해명자료를 내겠다는 의미다. 당시 이 감사는 전임 정부를 겨냥한 '정치 감사'라는 비판을 받고 있었다. 감사원의 2인자가 대통령실에 직보하는 장면은 독립적 헌법기관인 감사원이 대통령실의 지시에 따라 움직였다는 의혹이 사실임을 방증했다.

정적에겐 법을,
친구에겐 모든 것을

감사원은 윤석열 정권에서 자행된 전임 정부와 야당, 노동조합, 시민단체, 사교육 업계에 대한 전방위 사정 몰이의 돌격대였다. 합의제 기구인 감사원이 감사에 착수하기 위해서는 감사위원회의 의결이 있어야 한다. 그러나 이 정권의 감사원은 이런 절차를 교묘히 우회했다. 특별조사국을 동원하거나 공익감사청구 방식을 통한 감사에는 감사위 의결이 필요없다는 점을 악용한 것이다. 서해 공무원 피살 사건과 국민권익위원장 전현희, 신재생에너지 사업, 비영리 민간단체 국고보조금 등에 대한 감사가 모두 이런 우회로를 통해 진행되었다. 감사원은 대통령 직속 중앙행정기관이지만 업무 성격상 정치적 독립성과 중립성이 생명이다. 감사원을 합의제 기관으로 설계한 이유다.

　무소불위의 권력 곁에는 항상 야심가 스타일의 행동대장이 있기 마련이다. 감사원에서는 사무총장 유병호가 그랬다. 전 정권에서 임명된 감사원장보다 사무총장이 진짜 실세라는 평가가 돌았다. 유병호는 행정고시 출신으로 1997년부터 감사원에 몸담아왔다. 문재인 정권 들어 비감사부서인 감사연구원장으로 밀려났던 그는 2022년 5월 대통령직인수위원회 전문위원으로 합류한 뒤, 그해 6월 감사원 2인자인 사무총장으로 화려하게 복귀한다. 이후 줄곧 '정권의 돌격대장'이라는 비판에도 아랑곳없이 줄곧 표적·정치 감사를 주도했다. 국회 국정감사 등에서 드러난 유병호의 태도를 보면 감사원이 국민을 위한 기관인지 대통령을 위한 기관인지 헷갈릴 정도였다.

　감사원뿐만 아니다. 부패 방지를 총괄하는 국민권익위원회(권익위), 국민의 인권 보호를 사명으로 하는 국가인권위원회(인권위), 정부의 입법활동을 심사·조정하는 법제처 등은 행정부를 견제하며 권력의 폭주를 막아서는 가드레일로 기능하는 국가기관이다. 그런데 윤석열은 감사원·권익위·인권위의 기관장이나 고위직을 자기 입맛에 맞는 인물들로 채움으로써 이들 기관의 정치적 독립성과 중립성을 망가뜨렸다.

권력 견제 기능을 상실한 이들 기관은 정권을 방어하는 수비수, 나아가 정권 비판 세력을 때리는 공격수 역할까지 맡았다. 대통령실이 제기한 문제를 여당이나 우익 시민단체에서 정치적 이슈로 띄운다. 이걸 이어받은 감사원·권익위가 조사해 '사건화'한다. 마무리는 경찰·검찰의 몫이다. 윤석열 정권의 사정만능 통치 매뉴얼은 이런 식으로 작동했다. 덕분에 정권은 어떤 두려움도 없이 권력을 휘두를 수 있게 된다. 법률을 차별적으로 적용해 '정적에겐 법을, 친구에겐 모든 것을'을 선사하는 일이 만연하게 되는 것이다.

정권 초반의 악역은 감사원이 맡았다. 2022년 12월 6일 민주당 원내대표 박홍근은 "(감사원의 고발로) 수사선상에 오른 문재인 정부 장·차관급 인사만 최소 23명이다. 문재인 정부 내각과 청와대 핵심 참모들 대부분이 검찰수사를 받고 있다고 해도 과언이 아니다"라고 말했다. 그는 "어떻게든 문재인 전 대통령을 옭아매려는 정권의 검은 속내가 진동한다"라며 정치보복을 즉각 중단을 요구했다.

그러나 이후에도 전임 정부 수사는 확대되었다. 문재인을 포함해 그의 정부에 몸담은 고위 공직자는 대부분 수사 대상이라고 봐도 과언이 아닐 정도다. 2023년 초, 사석에서 만난 문재인 정권의 고위공직자는 내게 쓴웃음을 지으며 "차라리 윤석열 대통령 지지율이 많이 오르면 좋겠다"라고 말했다. 그래야 전임 정부 인사를 희생양으로 삼은 정권 차원의 수사가 멈출 것이라는 얘기였다. 오죽하면 이런 말까지 할까 싶었다.

사람에 충성하는 자들로
채워진 정부

국민권익위원회는 윤석열 정권의 인사들로 지휘부가 교체된 2023년 6월부터 정권 보위 행보를 본격화한다. 대통령 부인 김건희의 명품백 수수 사건 처리는 그 백미였다. 2024년 6월 10일 권익위는 '청탁금지법상 공직자 배우자에 대한 제재 규정이 없다'며 6개월 만에 사건을 종결했다. 청탁 목적이 있었다는 명품백을 선물한 당사자의 진술은 무시됐다.

이 결정은 직무 관련성이 없다면 공직자의 가족이 고가의 선물을 받아도 문제가 되지 않는다는 선례를 남겼다. 청탁금지법의 소관 부처인 국민권익위가 현직 대통령 부부에게 면죄부를 주기 위해 청탁금지법을 형해화시켰다고 해도 과언이 아니다. 국민권익위가 아니라 '여사권익위'라는 비판이 나올 만도 했다.

이후 검찰도 대통령 직무 관련성이 없다며 김건희를 불기소 처분했다. 대검찰청 수사심의위원회가 이 명품백이 대통령 직무와 관련이 있다고 판단했는데도 검찰은 이 권고를 받아들이지 않았다. 검찰과 권익위 모두 최고 권력자의 '권력 사유화' 도구로 전락했다는 비판에서 자유롭지 못한 행태를 보인 것이다.

그런 반면 권익위는 야당 관련 이슈에서는 신속하고 엄정한 잣대를 들이댔다. 민주당 대표 이재명의 아내 김혜경의 법인카드 사적 유용 의혹이 대표적이다. 2023년 9월, 권익위가 신고 접수 34일 만에 대검찰청에 이첩한 이 사건은 검찰의 수사를 거쳐 재판이 진행되고 있다. 두 사건의 상반된 처리를 주도한 권익위 위원장 유철환은 윤석열의 서울대 법대 동기이자 대선 캠프에도 참여한 인물이다. 부위원장 정승윤은 검사 출신으로 역시 윤석열과 서울대 법대-대선 캠프 인맥으로 엮여 있다.

독립적 국가기관의 수장들이 12·3 비상계엄 선포 이후 보인 행태는 그들의 본질을 더욱 적나라하게 보여준다.

대통령 권한대행 최상목이 국회가 지명한 헌법재판관 2인을 임명할 때 강하게 반발한 국무회의 배석자 가운데 권익위원장 유철환과 법제처장 이완규 등이 포함돼 있다. 자신을 임명해준 주군의 탄핵을 저지하기 위해서라고밖에 해석되지 않는 행위다. 이완규는 검사 출신으로 윤석열과 서울대 법대 및 사법연수원 동기다. 그가 이끄는 법제처는 법무부가 입법예고 단 이틀 만에 인사 검증을 담당하는 인사정보관리단을 신설한 것과 행정안전부 산하에 경찰국을 신설한 것에 대해 문제없다며 윤석열 정권을 측면에서 지원한 바 있다.

무엇보다 최악은 인권위원회가 2025년 2월 10일 윤석열의 탄핵심판 방어권 보장 권고 안건을 수정 의결한 것이다. 인권위는 비상계엄으로 헌정 질서를 짓밟고 적법한 체포영장 집행에도 불응하는 등 사법질서를 뒤흔든 대통령을 '피의자 인권 보호'를 빙자해 옹호하고 나섰다. 국민의 인권을 수호하라고 만든 '국가의 왼손'이 국민의 기본권을 말살하려 든 독재적 행태를 편든 셈이다. '사람에 충성하지 않는다'는 말로 명성을 얻은 윤석열이 정작 집권 후에는 독립적 국가기관의 인사들마저 본인에 대한 충성도를 기준으로 채움으로써 벌어진 사태다.

후진국의 징후,
권력에 종속된 국가기관

우리는 이와 비슷한 현상을 과거 남미의 페루·베네수엘라, 동유럽의 헝가리·폴란드 등에서 목격한 바 있다. 모두 민주주의가 위기를 처하거나 독재화된 상황에서 벌어진 일이었다. 미국의 경우 트럼프 1기 행정부에선 백악관 비서실장 존 켈리 등 이른바 '어른들의 축Axis of Adults'들이 트럼프의 일탈을 막는 견제자 역할을 훌륭하게 해냈다. 법무장관 제프 세션스와 연방수사국FBI 국장 제임스 코미 등 사정기관 수장들도 트럼프 관련 수사에서 대통령의 외압에 굴하지 않았다. 이에 견줘 충성파 일색으로 진용을 갖춘 트럼프 2기 행정부에서 미국은 권위주의 국가 대열에 합류할 것이 확실시된다.

헌법과 법률에 따라 독립적 지위와 임무를 부여받은 국가기관은 최고 권력자로부터 자유로워야 한다. 대통령이 사사로이 권력을 행사할 때, 국가기관은 대통령 개인이 아닌 법 정신에 충성해야 한다는 규정을 명문화해야 한다. 공직윤리를 어기는 고위 관료에 대한 제재·처벌을 강화해야 한다. 한편으론 임기를 보장해야 한다. 정권이 바뀔 때마다 반복되는 임기가 남은 전임 정부 기관장에 대한 검·경의 먼지털이식 수사 관행을 끊어내자. 걸릴 게 없어도 수사과 정에서 모욕을 줘 물러나게 하는 악질적 수법이다. 아울러 독립적 국가기관 수장의 임명은 국무총리처럼 국회의 동의를 받는 것도 좋겠다. 권력을 견제해야 하는 자리에 권력의 측근을 임명하는 것은 최소한 막아야 하기 때문이다.

반대파를
범죄 피의자로
취급하는

검사
대통령

대통령 취임 전후 윤석열은 격의 없이 소통하며 주변을 잘 챙기는 스타일로 알려졌다. 곧잘 집으로 초대해 직접 요리한 식사를 대접한다는 일화는 유명하고, 수시로 전화와 문자메시지를 주고받았다는 국민의힘 국회의원이나 여권 인사만 해도 여럿이다.

참 이상했다. 그렇게 친화력이 좋다는 대통령이 야당 지도부와는 아예 대면조차 하지 않으려 한 것이다. 전임 대통령 문재인이 취임 당일 제1야당인 자유한국당 당사를 직접 찾아간 것과는 달리, 윤석열이 제1야당 더불어민주당 대표 이재명을 만난 것은 취임 2년이 지난 2024년 4월 말의 일이다. 그것도 8차례에 걸친 야당의 만남 제안을 매번 거절한 끝에 그해 총선에서 참패를 당하자 마지못해 성사된 영수회담이었다. 그런 회담에서 성과가 있을 리 만무했다.

홍준표의
'윤석열론'

윤석열은 정치인에 적합한 사람이 아니다. 정치의 본령은 치열하게 대립하면서도 협상을 통해 합의에 다다르는 데 있다. 정치를 대화와 타협의 예술이라고 하지 않는가. 그러나 윤석열 정권에서 야당과의 대화와 타협은 없었다. 할 줄 몰라서인지 하고 싶지 않아서인지 모르겠으나, 그는 극단적 여소야대 국면에서도 야당 대표를 비롯한 정치적 반대파와 대화하려는 시늉조차 내지 않았다.

정치권에서는 윤석열이 이재명이 범죄 피의자라서 만나려 하지 않는다는 말이 돌았다. 평생 검사로만 살아온 그가 대통령이 되고 나서도 검사의 마인드로 국정을 운영했다는 얘기다. 역시 검사 출신인 대구시장 홍준표는 2025년 3월 18일 〈삼프로TV〉에 출연해 '대통령이 야당을 아예 안 만나려고 하지 않았냐'는 질문에 "그게 소위 검사정치"라며 "검사정치라는 것이 기본적으로 상대방을 인정 안한다. 검사가 상대방을 인정하면 감옥 보낼 수 있겠냐. 검사 출신이니까 안 보려고 한 것"이라고 답변했다. 일리 있는 분석이다. '강직한 검사' 이미지는 윤석열이 대통령으로 가는 길에 단단히 한몫했다. 동시에 그것이 이미지를 넘어 현직 대통령의 세계관으로 자리 잡을 때 국가 공동체에 어떤 해악을 끼치는지도 똑똑히 드러냈다.

취임 첫해, 권력형 비리나 대형 경제사건을 주로 맡는 서울중앙지검 반부패수사부는 야당 수사에 총력을 기울였다. 과거엔 특별수사부로 불린 반부패수사부는 정권의 하명수사 논란으로 폐지된 대검찰청 중앙수사부(대검 중수부)의 기능을 이어받은 조직이다. 윤석열과 한동훈이 바로 이 '특수통'의 적자들이다.

총선 전략에 동원된
검찰

2022년 11월경 반부패수사부는 이재명의 최측근인 민주연구원 부원장 김용과 당대표실 정무조정실장 정진상을 수사했다. 이어 전 민주당 사무부총장 이정근이 구속기소되었고, 4선 의원인 노웅래 역시 압수수색을 받았다. 민주당에 대한 전방위적 수사를 발판으로 여소야대 구도를 뒤

흔들겠다는 기세가 느껴졌다. 물론 범죄 혐의가 있으면 수사를 해야 한다. 그러나 같은 시기에 제기된 권력 핵심부나 여권 인사의 범죄 의혹엔 수사를 뭉개거나 질질 끈다면 공정성 논란이 터져 나올 수밖에 없다. '정치를 수사하듯, 수사를 정치하듯'이라는 말이 시중에 나돌기 시작했다.

여야의 대립은 갈수록 극단으로 치달았고, 각종 현안은 꼬일 대로 꼬여갔다. 대통령과 야당 대표가 만나서 문제를 풀어야 한다는 요구가 빗발쳤지만 윤석열에겐 마이동풍이었다. 되레 믿는 구석이라도 있는 양 자신감을 내비쳤다는 게 대통령실 주변 인사들의 전언이다. 취임 후 1년가량 지난 시점이었다. 아마도 정권 핵심부에선 각종 재판이 걸려 있는 이재명의 사법처리를 확신했고, 이를 바탕으로 반년 뒤로 다가온 총선 승리를 자신했던 걸로 보인다.

이런 확신, 혹은 자신은 2023년 9월 26일 법원이 이재명에게 청구된 구속영장을 기각함으로써 산산조각난다. 서울중앙지법 영장전담 부장판사 유창훈은 영장실질심사에서 "피의자의 방어권 보장 필요성 정도와 증거인멸 염려의 정도 등을 종합하면 불구속 수사의 원칙을 배제할 정도로 구속의 사유와 필요성이 있다고 보기는 어렵다"라고 판단했다. 이 결정에 대한 정권의 불만과 적대감은 훗날

12·3 비상계엄의 배후 설계자로 지목된 전 국군정보사령관 노상원의 '체포 명단'에 해당 법관이 포함된 것으로 미루어 짐작할 수 있다.

여당 대표의 구속을 기대하고 짠 총선 전략이 어그러지면서 대통령실과 여당은 조바심이 났을 것이다. 당시 청년층과 수도권에서 높은 인기를 구가하던 법무부 장관 한동훈을 간판으로 내세워 총선을 치르자는 주장이 나오기 시작했다. 그런데 그 무렵 나는 알 만한 고위급 인사에게서 이와는 다른 맥락의 이야기를 들었다. '미래 권력'인 한동훈 입장에선 너무 일찍 등판해 상처를 입는 것 아니냐는 물음에 이 인사는 '한 장관이 이재명 대표를 구속시키지 못했으니 책임을 져야 한다'는 취지로 말했다. '이재명 수사'가 정권 차원의 프로젝트임을 고백하는 동시에, 대통령이 국민의힘 정치인들을 믿지 못한다는 걸 드러내는 진술이다.

같은 정황은 그해 12월 26일 한동훈의 국민의힘 비대위원장 수락 연설에서도 드러난다. "상대가, 당 대표가 일주일에 세 번 네 번씩 중대범죄로 형사재판을 받는, 초현실적인 민주당인데도 왜 국민의힘이 압도하지 못하는지, 함께 냉정하게 반성합시다. 국민의힘이 잘해왔고 잘하고 있는데도 억울하게 뒤지고 있는 거 아닙니다. 우리 이제 무기력 속에 안주하지 맙시다. 계산하고 몸 사리지 맙시다."

검찰은 열심히 싸웠는데, 국민의힘이 여당 노릇을 제대로 못해 '9회말 투아웃'에 몰렸다는 인식이 엿보인다. 한동훈은 이날 연설 내내 '폭주' '군림' '숙주' '운동권 특권정치' '개딸 전체주의' 등을 언급하며 민주당을 향한 적대감을 드러냈다.

정치를 검투장으로 만든
칼잡이

윤석열 정권 출범의 일등공신으로 꼽힌 국민의힘 전 대표 이준석은 정작 윤석열에게 '내부총질이나 하던 당 대표'로 찍혔다. 조직의 일원은 그 조직을 떠날 때 진실의 순간을 맞이한다. 2023년 12월 국민의힘 탈당 기자회견에서 이준석은 윤석열 정권에 이런 평가를 내렸다. "지금도 누군가는 대한민국의 위기 속에서도 상대를 악으로 상정하고 청산하는 것을 소명으로 생각하고 그 방향으로 시민들을 이끌려고 합니다. (…) 대통령 선거가 끝난 지 2년이 다 되어가는데도 왜 적장을 쓰러뜨리기 위한 극한 대립, 칼잡이의 아집이 우리 모두의 언어가 되어야 합니까."

칼잡이가 누구를 지칭하느냐는 질문에는 "지금의 국민의힘을 장악하고 국가를 운영하는 세력에 대해 전반적으로 얘기했다"라고 직격했다. 김건희를 겨냥한 듯한 날선 비판도 남겼다. "선출되지 않은 누군가가 모든 유무형의 권력을 휘두르며 대한민국을 쥐락펴락하는 모습, 그 사람 앞에서 법과 상식마저 무력화되는 모습이 반복되는 것은 다시는 경험하고 싶지 않은 트라우마입니다." 불과 1년 전 대선에서 윤석열을 찬양하던 이준석의 '태세전환'이 미심쩍을 수도 있다. 그러나 그는 권력투쟁의 한가운데서 최고 권력자와 그 주변의 포장되지 않은 실체를 겪어본 사람이기도 하다. 그런 이의 평가에는 일단의 진실이 담겨 있기 마련이다.

이준석은 윤석열-이재명의 대립을 검투사들의 싸움에 비유했지만, 이는 결과론일 뿐이다. 정치판을 필사즉생의 검투장으로 만든 이가 누굴까? 이준석의 표현을 빌리자면 '칼잡이' 윤석열과 그의 아집이다. 그는 검사 시절부터 유무죄로 상대를 재단하고 온갖 수단을 동원해 잡아넣는 데 탁월했다. 그 재능과 실적을 인정받아 출세도 했다. 문제는 정치인이 돼서도 그 습성을 버리지 못한 데 있다. 대통령이 정치판에서 검사처럼 굴면 상대방도 목숨 걸고 싸울 수밖에 없다.

　　민주주의는 상대를 인정하는 데서 출발한다. 상대를 쓰러뜨려야 할 악으로 대해서는 정치의 공간이 열리지 않는다. 아울러 권력자의 권한 행사는 더 절제되어야 한다. 행정부·입법부·사법부의 수장들이 주어진 권력을 최대치로 행사할수록 민주주의는 삼권의 균형과 견제가 아닌 삼권의 각축장이 된다. 정치학자 스티븐 레비츠키와 대니얼 지블랫 역시 정파 간의 상호 인정과 권한 행사의 절제를 민주주의의 주요한 규범으로 제시한다.[13] 불행하게도 언젠가부터 한국 정치에선 민주주의의 규범을 찾아볼 수 없다. 씨앗을 뿌린 이는 윤석열이다. 그는 민주주의자가 아니다.

김건희
지키기

김건희는 윤석열 정권의 성역이다. 대통령과 가까운 사이라도 김건희 문제를 입 밖에 내는 건 금기시 됐다. 수십 년 지기도, 고락을 함께한 검찰 식구도, 정권 창출에 한몫한 참모도 김건희와 관련해 고언을 건넨 이들은 권력에서 멀어졌다. '윤정권의 황태자'로 불린 한동훈과 윤석열이 갈라선 결정적 계기도 김건희 문제였다. 요컨대 '윤석열 정권의 3년'은 곧 '김건희의 3년'이라고 해도 과장이 아니다.

　　이른바 '김건희 리스크'는 대선 과정에서부터 불거졌다. 2021년 12월 언론들은 유력 대선주자의 배우자 김건희의 허위 이력 의혹을 보도했다. 그가 가짜 이력서를 제출해 여러 대학에 강사·겸임교수로 채용됐다는 내용이다. 여론이 나빠지자 김건희는 기자회견을 열어 사과했다. 그는

"잘 보이려고 경력을 부풀리고 잘못 적은 것도 있었다. (…) 모든 것이 제 잘못이고 불찰이다. 부디 용서해달라"라며 울먹였다. 그러면서 "남은 선거 기간 동안 조용히 반성하고 성찰하는 시간을 갖겠다. (…) 남편이 대통령이 돼도 아내의 역할에만 충실하겠다"고 밝혔다.

김건희가 흘린 것이 '악어의 눈물'이라는 건 머지않아 드러난다. 그는 애초에 '아내의 역할'에 만족할 사람이 아니다. 윤석열 재임기에 쏟아낸 그의 행보는, 그가 무엇이든 주도해야 하는 성정임을 보여준다.

김건희의 힘

김건희가 다시 대중의 구설수에 오른 건 인터넷 매체《서울의소리》가 2023년 11월 28일 보도한 이른바 '명품백 수수 사건'이다. 그해 9월 목사 최재영이 서울 서초구 김건희의 개인 사무실에서 그를 만나 명품 브랜드 크리스찬 디올의 가방(300만 원 상당)을 선물하는 장면이 유튜브에 공개된 것이다. 이런 사건이 벌어지면 이유를 불문하고 대국민 사과와 재발 방지를 약속하는 게 통상적인 대응방식이다. 그러나 언론의 비판과 야당의 '김건희 특검법'* 공세에도 대통령 부부는 모르쇠로 일관했다.

총선을 코앞에 앞두고 악재가 터지자 국민의힘 지도부가 나섰다. 비상대책위원장 한동훈은 그해 12월 김건희 특검법을 두고 '총선 뒤 조건부 수용' 의사를 밝혔다. 한동훈이 직접 영입한 비상대책위원 김경율은 한발 더 나아가 김건희를 프랑스 혁명 당시 단두대에 오른 왕비 마리 앙투아네트에 빗대며 사과를 요구했다.

2024년 1월 17일 《JTBC》의 〈장르만 여의도〉에 출연한 김경율은 "프랑스 혁명이 왜 일어났을 것 같냐. 우리는 당연히 자유, 평등 같은 이념들을 연상하는데, 아니다. (…) 이분의 어떤 사치, 난잡한 사생활 이런 것들이 이제 하나하나 드러나고 건물들을 털 때마다 드러나니까 감성이 폭발된 것이다"라고 말했다. 명품백 사건과 관련해서도 "국민들의 감성을 건드렸다"라고 꼬집었다. 공교롭게도 한동훈은 같은 날 김경율의 '서울 마포을 출마'를 전격 발표

---

* 2009~2012년 도이치모터스 주가조작 사건에 연루된 김건희에 대한 진상규명을 위한 특검법. 2023~2024년 총 네 차례 발의·가결되었으나 대통령과 대통령 권한대행의 연이은 재의요구권(거부권) 행사로 통과되지 못한 채 여야가 극한 대립하는 원인으로 작용하고 있다.

하며 그의 '마리 앙투아네트' 발언에 더욱 힘이 실린 모양새가 됐다.

　김건희는 여당 비대위원의 말에 상당한 충격을 받았고, 급기야 나흘 뒤인 1월 21일에는 대통령실에서 한동훈의 비대위원장직 사퇴를 요구하는 사태까지 벌어졌다. 이틀 뒤 윤석열-한동훈이 직접 만나 갈등을 봉합했다지만, 이 사건은 김건희가 윤석열 정권의 황태자이자 미래 권력으로 꼽히는 한동훈마저 단번에 뒤흔들 수 있는 존재임을 방증한다.

　김경율의 말마따나 명품백 수수 사건은 국민의 감정을 건드렸다. '함정 취재'라는 방식을 문제 삼을 수 있겠으나, 어쨌든 다수 국민들이 현장 영상을 눈으로 본 만큼 변명이 필요 없는 사건이었다. 그러나 두 달 넘게 무대응으로 일관하던 윤석열이 2024년 2월 〈KBS 특별대담-대통령실을 가다〉에 출연해 내놓은 변명은 적어도 김건희 문제에서 그의 현실감각이 마비되어 있음을 드러낸다. "대통령이나 대통령 부인이 어느 누구한테도 박절하게 대하긴 참 어렵다. (…) 매정하게 좀 끊지 못한 것이 문제라면 문제고, 좀 아쉽지 않았나 생각이 된다."

　결국 명품백 사건과 이를 둘러싼 당정 갈등은 집권여

당의 22대 총선 참패, 이듬해 윤석열 정권 조기 종식의 분기점이 된다. 호미로 막을 일을 가래로도 막지 못하는 지경에 이른 것이다.

한남동 라인과
명태균

2024년 4월 총선 이후 대통령실에 김건희의 의중을 따르는 '한남동 라인' 또는 '김건희 라인'이 따로 존재한다는 사실이 알려지기 시작한다. 명품백 수수가 대통령 부인으로서 부적절한 처신이라면, 이른바 '김건희 라인'의 존재는 차원이 다른 사안이다. 엄연한 사인인 김건희가 국정을 농단한다는 세간의 짐작을 방증하기 때문이다.

시작은 총선 직후 터져 나온 '박영선 국무총리–양정철 비서실장' 기용설이다. 당시 대통령실이 전면 부인하는 와중에 김건희와 가까운 일부 비서관들은 '검토 중'이라는 말을 흘렸다. 유야무야됐던 이 문제는 반년 뒤인 10월 부산 금정구청장 보궐선거를 앞두고 당시 국민의힘 대표 한동훈이 대통령실 인적 쇄신을 요구하면서 재점화한다. 10월 14일 한동훈은 "공적 지위가 있는 사람이 아니다. 그런 라인은 존재하면 안 된다"라고 김건희를 직격했다.

이에 대통령실은 "여사 라인이 어딨나. 대통령실에 비선으로 운영하는 조직은 없다"라고 반박한다. 10월 21일 윤석열과 독대한 한동훈은 △김건희 관련 대통령실 내 인적 쇄신 △김건희의 대외활동 중단 △김건희 의혹 규명 절차 협조 등 3대 요구를 내놨지만, 윤석열은 수용하지 않았다. 한동훈이 김건희 라인으로 지목되는 7~8인의 실명까지 거명하자 윤석열은 "누가 어떤 잘못을 했는지 구체적으로 문제를 전달하면 조처를 판단하겠다"고 답했다고 한다. 마침내 김건희 문제로 윤석열–한동훈, 대통령실–여당이 정면 충돌한 것이다.

때마침 10월 국정감사 전후로 정치 브로커 명태균과 관련된 대통령 부부의 국회의원 공천 개입 및 여론조사 조작 의혹이 불거졌다. 정권의 명운을 좌우할 초대형 사건의 서막이다. 10월 31일 민주당이 폭로한 녹취에는 "공관위에서 나한테 들고 왔길래 내가 김영선이 경선 때부터 열심히 뛰었으니까 김영선이를 좀 해줘라 그랬는데, 말이 많네. 당에서…"라는 윤석열의 육성이 담겨 있다.

2022년 5월 대통령 취임식 전날 이뤄진 이 통화 녹취는 그다음 달 국회의원 보궐선거를 앞두고 윤석열이 전직 4선 의원인 김영선을 경남 창원에 공천할 것을 국민의힘 공천관리위원회에 지시했다는 취지로 해석됐다. 사실이라면 대통령의 정치적 중립 의무를 규정한 헌법과 공직선거법을 위반한 것이다. 실제로 이튿날 국민의힘은 김영선의 공천을 확정한다. 게다가 함께 공개된 명태균의 다른 통화에서는 해당 공천에 김건희가 개입되어 있다는 정황까지 나왔다.

윤석열의 육성이 공개된 직후 대통령실은 "명 씨가 김 후보 공천을 계속 이야기하니까 그저 좋게 이야기한 것뿐"이라며 "공천 관련 보고를 받은 적도, 공천을 지시한 적도 없다"라고 해명했다.

녹취록의 또 다른 주인공 명태균은 2024년 10월 8일 《JTBC》와의 인터뷰에서 "(언론엔) 내가 했던 일의 20분의 1도 나오지 않았다. 입 열면 진짜 뒤집힌다. 내가 (감옥에) 들어가면 한 달 만에 이 정권이 무너질 것"이라고 주장했다. 공교롭게도 이 '예언'은 12·3 비상계엄으로 현실화한다. 명태균은 11월 15일 구속되었고, 꼭 한 달 뒤인 12월 14일 국회의 탄핵소추안 가결로 윤석열의 대통령직 직무가 정지된 것이다.

당시 언론들은 거의 매일 '단독' 기사를 쏟아내고 있

었다. 이런 취재경쟁은 정권의 중대한 위기를 드러내는 징후다. 검찰 특수부에서 대형 사건을 수없이 다뤄본 윤석열도 감지했을 것이다. 이미 9월에 최저치인 20%를 기록한 대통령 국정운영 지지율은 11월이 되자 17%까지 주저앉았다. 국정운영 지지율이 10%대로 추락한 건 이때가 처음이다. 9월까지는 국정운영 부정평가의 원인으로 의대정원 문제가 꼽혔지만 10월 말부터는 김건희 문제가 다른 모든 이슈를 잡아먹고 있었다.

김건희 살리기에 '올인'한 윤석열

커져가는 의혹의 불길을 진화하려는 듯 윤석열은 11월 7일 기자회견에 나선다. 당초 '끝장 토론'을 예고했던 이 자리에서 윤석열은 김건희와 관련해 처음으로 사과의 뜻을 밝히면서도 구체적 사안에 대해선 얼버무리는 태도를 보였다. "어찌 됐든 제가 검찰총장 할 때부터 일단 저를 타깃으로 하는 거지만 저희 집사람도 침소봉대는 기본이고, 없는 것까지 만들어서 그야말로 저를 타깃으로 해서 제 처를 많이 좀 악마화시킨 것은 있습니다. 그러나 우리가 가릴 것은 명확하게 가려야 되고, 저도 제 아내가 잘했다는 것이 아니라 더 신중하게 매사에 처신을 해야 되는데, 이렇게 국민들한테 걱정 끼쳐드린 것은 그것은 무조건 잘못이라고 생각합니다."

회견장에서 나온 질문 26개 중 12개가 김건희 관련 사안이었지만 대통령의 답변은 턱없이 미흡했다. 한 기자는 "국민들이 과연 대통령께서 무엇에 대해서 우리에게 사과를 했는지 어리둥절할 것 같다"라는 지적까지 했다.

뒷날 12·3 비상계엄과 관련해 검찰이 제출한 공소장을 보면, 윤석열은 해당 기자회견 이틀 뒤인 11월 9일 비상계엄을 언급한다. 이날 저녁 국방장관 공관에서 국방부 장관 김용현, 방첩사령관 여인형, 특수전사령관 곽종근, 수도방위사령관 이진우를 만나 '특별한 방법이 아니고서는 해결할 방법이 없다'는 취지로 비상계엄을 거론한 것이다. 이 자리에서 김용현이 수방사의 계획을 묻자 이진우가 출동 태세를 갖추겠다고 답했고, 윤석열도 이진우에게 부대 편성 등에 관해 물었다고 한다. 윤석열은 2024년 3~4월께부터 여러 차례 '비상대권'을 언급했으나, 군을 동원하는 이야기가 등장한 것은 이때가 처음이었다.

여기에 대통령의 거부권으로 막고 있던 김건희 특검

법에도 경고등이 울렸다. 2024년 12월 10일로 예정된 4차 재의결과 관련해 국민의힘 내 친한동훈파 의원들이 찬성표를 던질 수 있다는 입장이 나왔기 때문이다. 국민의힘 의원 108인 중 8명만 이탈하면 특검법이 통과되는 상황이었다.

명품백, 총선 참패, 명태균, 공천 개입. 모든 악재가 김건희와 엮여 있었고, 그런 김건희를 정조준하는 특검법 통과 가능성이 어느 때보다 높은 상황이었다. 결국 이런 정황은 12·3 비상계엄 선포는 윤석열이 언급한 야당의 국회 독재나 부정선거 의혹 때문이 아니라 김건희를 지키기 위해서라는 추론으로 연결된다. 앞서 언급한 정권 내부에서의 김건희 성역화, 유독 김건희 비판에 신경질적 반응을 보여온 윤석열의 태도 역시 같은 맥락에서 이해할 수 있다.

정권의 대주주를 자임한 김건희

김건희는 왜 그렇게 많을 일들에 개입했을까? 남편을 도우려는 의도도 있겠지만 일을 주도해야 직성이 풀리는 성격, 무엇보다 정권 창출에 자신의 역할이 컸다는 자부심이 작용한 것으로 보인다.

전 국민의힘 비대위원장 김종인의 증언이 이를 뒷받침한다. 그에 따르면 윤석열이 대선출마 결심을 굳힌 2021년 6월, 김건희가 명태균의 휴대전화로 전화를 걸어와 남편을 도와달라고 요청했다. 며칠 뒤 성사된 자리에도 김건희와 명태균이 동석했고, 윤석열은 '앞으로 도와주면 잘 따르겠다'는 취지로 발언했다.

김종인은 "김건희 여사가 생각하기에는 자기가 대통령을 탄생시키는 데 결정적 역할을 했다는 자부심을 가지고 있다고 본다. 그런 측면에서 윤 대통령한테 조언한다고 하는 것이 결국 국정에 지나치게 관여하는 모습으로 나타나지 않나"라고 진단했다.[14]

김건희의 이런 면모는 12·3 비상계엄 이후 윤석열에 대한 체포영장 집행 과정에서도 드러난다. 경찰에 따르면 2025년 1월 15일 체포영장이 집행되자 김건희는 경호처 직원에게 '총 갖고 다니면 뭐 하냐, 그런 거 막으라고 가지고 다니는 건데'라는 취지로 질책했다. 나아가 '내 마음 같아서는 지금 이재명 대표도 쏘고, 나도 죽고 싶다'는 발언까지 남겼다고 한다.

'과장된 전언'이며 '사실무근'이라는 대통령실의 부인에도 불구하고 김건희라면 그럴 법하다는 게 세간의 인식이다. 물론 대통령 부인에겐 경호처에 지시를 내릴 아무런 권한이 없다. 설령 권한이 있다 하더라도 유혈사태를 조장하는 듯한 그의 발언은 금도를 넘은 것이다.

문제는 대통령이 자신의 부인을 임기 내내 전혀 제어하지 못했다는 점이다. 더군다나 권력 남용을 막기 위해 존재하는 독립적 국가기관들까지 김건희 지키기에 동원됐다. 국민권익위원회는 청탁금지법 위반 혐의가 짙은 명품백 수수 사건을 무혐의로 판단했다. 검찰 역시 이 사건을 불기소 처분했다. 이미 도이치모터스 주가조작 연루 의혹 사건을 질질 끄는 걸로 검사 대통령의 충직한 종복임을 증명한 검찰은 국민의힘 공천개입 의혹 사건도 창원지검에 미뤄놓다가 탄핵 선고가 임박한 2025년 2월에서야 중앙지검에 이첩했다. 대통령 부부에 대한 수사가 불가피한 이런 대형 사건은 당연히 중앙지검이 맡아야 함에도 대통령 눈치를 본 것이다.

검찰이 제 역할을 못하면 특별검사 제도를 활용해야 한다. 특히 최고 권력자와 연관된 사건이라면 검찰 조직에서 자유로운 특검이 조사하는 게 이치에 맞다. 미국도 그렇고 한국의 역대 정부도 마찬가지다. 그런데 국회에서 통과된 김건희 특검법에 대해 윤석열은 "삼권분립에 위배"된다며 거부권을 행사했다. 그는 2024년 11월 7일 기자회견에서 "대통령과 여당이 반대하는 특검을 임명한다는 것 자체가 기본적으로 헌법에 반하는 발상"이라며 또 헌법 타령을 했다. 그러나 대북송금(2003), BBK 주가조작(2007), 내곡동 사저(2012), 세월호(2020) 사건 등 여야 합의가 이뤄지지 않은 특검법에서 그의 전임자들은 거부권을 행사하지 않았다.

2016년 박근혜-최순실 국정농단 특검 수사를 주도해놓고서도 정작 자기 부인을 향한 특검은 못 받겠다는 윤석열은 내로남불의 전형이다. '나는 언제나 옳다'라는 유아독존의 표본이다. 대통령이 이런 지경이라면 여당이라도 들고 일어나 바로잡아야 한다. 그러나 친윤계가 장악한 국민의힘 지도부는 반대의 길을 걸으며 김건희 지키기에 당운을 건다. 그 결과는 윤석열 정권의 조기 붕괴였다.

극우 돈키호테의

역사전쟁

역사 · 외교

2

육군사관학교에 설치된 홍범도 등
독립군 영웅 6인의 흉상. 윤석열 정권은
공산당 이력 등을 이유로 홍범도 흉상의
철거·이전을 추진했다. 국민의 60%
이상이 반대하는데도 이런 역사전쟁을
고집한 것을 두고서, 뉴라이트의 입김과
함께 한번 마음먹은 일은 막무가내로
밀어붙이는 윤석열 특유의 '돈키호테적
자기 확신'이 작용했다는 분석이 있다.
한편 윤석열의 탄핵소추안이 가결된 이후
육군은 홍범도 흉상을 그대로 존치할
예정이라는 입장을 밝혔다.

반지성주의로
무장한

포퓰리스트

2023년 8월 15일 서울 서대문구 이화여대 대강당. 대통령의 광복절 경축사에 많은 이들이 깜짝 놀랐다. "공산전체주의를 맹종" "반국가세력이 준동" 운운하는 섬뜩하면서도 철지난 언사가 포함됐기 때문이다. 정권에 비판적인 야당과 시민사회, 언론 등을 겨냥한 말임에 분명했다. 역대대통령은 광복절에 일본의 과거사 직시를 요구하는 메시지를 내는 게 대부분이었다. 그러나 윤석열은 정작 일본에는 "우리와 보편적 가치를 공유"하는 국가라며 유화적인 태도를 보였다. 그날 연설의 한 대목은 다음과 같다.

공산전체주의를 맹종하며 조작선동으로 여론을 왜곡하고
사회를 교란하는 반국가세력들이 여전히 활개치고 있습니

다. 자유민주주의와 공산전체주의가 대결하는 분단의 현실에서 이러한 반국가세력들의 준동은 쉽게 사라지지 않을 것입니다. 전체주의 세력은 자유사회가 보장하는 법적 권리를 충분히 활용하여 자유사회를 교란시키고 공격해 왔습니다. 이것이 전체주의 세력의 생존 방식입니다. 공산전체주의 세력은 늘 민주주의 운동가, 인권 운동가, 진보주의 행동가로 위장하고 허위 선동과 야비하고 패륜적인 공작을 일삼아 왔습니다. 우리는 결코 이러한 공산전체주의세력, 그 맹종 세력, 추종 세력들에게 속거나 굴복해서는 안됩니다.

윤석열의 관점에서, 이 정권을 비판하는 세력은 공산전체주의를 맹종하며 민주주의 운동가로 위장한 '반국가세력'이다. 그러나 이는 시대착오적일 뿐만 아니라 민주주의의 근간을 흔드는 생각이다. 야당을 정치적 상대로 인정하고 언론의 비판에 귀 기울이는 것이야말로 민주주의의 기본이다. 스스로 민주주의와 동떨어진 극우적 사고의 소유자임을 드러낸 것이다.

또한 그는 이 자리에서 독립운동을 자유민주주의 국가를 만들기 위한 건국 운동으로 규정하며, 독립운동의 목적이 자유와 인권을 무시하는 공산전체주의 국가가 아니었다고 말했다. 즉 (이 정권을 비판하는) 공산전체주의 맹종 세력은 독립운동 정신을 훼손한다는 식의 논법이다. 나아가 '자유민주주의'를 지키는 자신이 독립운동의 진정한 계승자임을 내비쳤다.

집권 2년차에 드러낸
극우본색

2023년 광복절 경축사는 윤석열 정권이 극우로 치닫는 중요한 분기점이다. 한국 대통령은 대개 취임 1년을 지나며 국정운영에 나름의 자신감을 갖는다고 한다. 본격적으로 자기 색깔을 드러내기 시작하는 것도 이 시점부터라는 게 청와대 근무를 경험한 인사들의 공통된 견해다.

바로 그 시기에 윤석열은 '국가 정체성'이니 '이념'이니 하는 표현을 즐기기 시작한다. 그는 광복절 경축사에서 "이분들(독립운동가들)을 제대로 기억하는 것이야말로 대한민국의 국가 정체성, 국가 계속성의 요체요, 핵심입니다"라고 말했다. 2주 뒤인 8월 28일 국민의힘 의원 연찬회에서도 그는 "제일 중요한 것이 이념"이라며 1970~1980년대 군부독재 시절을 연상케 하는 반공·극우 행보를 이어갈 것임을 천명하기도 했다.

그의 극우 성향은 대선 과정, 그리고 집권 이후에도 간헐적으로 표출된 바 있다. 2022년 2월 22일 대선 유세 당시 윤석열은 민주당 후보 이재명과 문재인 정권을 향해 "자유민주국가가 아닌 사회주의국가로 탈바꿈시키려는 몽상가" "공산당 좌파 혁명이론에 빠져 있는 소수에게 대한민국 정치와 미래를 맡겨서 되겠나"라고 공격했다. 때늦은 색깔론이라는 비판이 거셌지만, 이때만 해도 단기적 선거 전략으로 받아들여졌다. 그러나 취임 5개월을 맞은 2022년 10월 공식석상인 국민의힘 원외 당협위원장과의 오찬 간담회에서 '반국가세력'이라는 용어를 처음 발설하며 극우 행보에 시동을 건다.

나라 안팎으로 경제가 어렵고, 안보 상황도 녹록지 않다. 이런 때일수록 가장 중요한 것은 우리 스스로 자유민주주의 체제에 대한 확고한 믿음과 확신을 갖는 것이다. 자유·민주주의에 공감하면 진보든, 좌파든 협치하고 타협할 수 있지만, 북한을 따르는 주사파는 진보도, 좌파도 아니다. 적대적 반국가세력과는 협치가 불가능하다.

이어 2023년 6월 한국자유총연맹 행사에선 "왜곡된 역사인식, 무책임한 국가관을 가진 반국가세력들은 핵무장을 고도화하는 북한 공산집단에 대하여 유엔 안전보장이사회 제재를 풀어달라고 읍소하고, 유엔사를 해체하는 종전선언을 노래 부르고 다녔다"고 말했다. 종전선언을 추진한 문재인 정권을 겨냥한 발언이다.

윤석열이 '반국가세력'을 언급하는 시점은 지지율이 추락할 때와 겹친다. 정치적 수렁에서 지지층을 결집하기 위한 발언이라는 의미다. 이 용어를 처음 언급한 2022년 10월은 정권 초기임에도 대통령 지지율이 20%대로 주저앉은 때였다. 역대 대통령들은 이런 때 야당 대표와 영수회담을 통해 해법을 모색했지만 그는 반대로 정적과의 대립강도를 더 끌어올렸다. 강골 검사 이미지로 위기를 돌파하며 검찰총장과 대통령직을 거머쥔 '드라마틱한 승리의 경험'에 따른 전략일 것이다.

국민을 갈라치기 하는
극우 포퓰리즘

'종북 반국가세력'과의 전쟁을 본격화한 윤석열에게선 포퓰리스트의 면모가 돋보인다. 포퓰리즘populism*은 사회를 '선량한 민중'과 '부패한 엘리트'로 양분하고, 민중의 대변자를 자임하는 정치 지도자가 상대 진영을 악마화하는 방식으로 대중의 지지, 나아가 권력을 획득하고 유지하는 정치 현상을 말한다. 페루의 알레르토 후지모리, 베네수엘라의 우고 차베스가 대표적이다. 정치 경험이 부족하거나 대중에게 낯선 (그래서 신선해 보이는) 아웃사이더인 경우가 많고, 정치적 기반이 없는 탓에 핵심 지지층을 끌어 모을 만한 이슈를 잡아 이들의 요구에 영합하는 정책을 내놓는다.

역사적으로 포퓰리즘은 19세기 말 미국 인민당의 농민운동과 러시아 인텔리겐치아(지식층)의 나로드니키(인민주의자)** 운동에 연원을 둔다. 초기엔 산업화 과정에서 낙후된 농민 계층의 불만을 배경으로 한 진보적 성향의 사회

---

* 한국에서 포퓰리즘은 오랫동안 '대중영합주의' '인기영합주의' 등으로 번역되면서 표심을 노리고 불가능한 공약을 남발하거나 상대를 공격하는 정치적 수단으로 인식되어 왔다. 이 책에서는 포퓰리즘 연구의 권위자인 카스 무데, 마가렛 캐노번, 정병기 등의 논의를 반영해 정치사회적으로 불안정한 시기에 등장한 야심가가 자신을 '선량한 민중'의 대변자로, 기성 엘리트 계층을 '부패 세력'으로 규정하며 대중을 동원하는 정치현상으로 정의한다.
** 공교롭게도 나로드니키도 영어권에서는 populist로 번역된다.

개혁 운동이었다. 그러나 20세기 들어서는 우파 혹은 극우파의 반동적 성향을 띠는 경우가 많았다. 1930년대 유럽의 나치즘과 파시즘, 1950년대 미국의 매카시즘이 대표적이다. 매카시즘은 미국 상원의원 조지프 매카시가 1950년 2월 웨스트버지니아 주 휠링에서 열린 집회에서 국무부 내에 많은 공산주의자가 있다고 주장한 것을 시작으로 몰아친 공산주의자 색출 광풍을 말한다. 당시 매카시는 정체 모를 종이 한 장을 흔들며 국무부에서 암약하는 공산주의자 205명의 명단이라고 장담했다.

포퓰리즘 연구의 권위자인 정치학자 카스 무데는 미국의 1950년대 포퓰리즘 현상을 이렇게 진단한다. "(포퓰리즘이) 냉전 초기 맹렬한 반공산주의 운동으로 되돌아왔다. 당대의 불안감에, 그리고 좌파 이념에 대한 미국 보수주의의 오랜 두려움과 거부감에 영향을 받은 무정형의 우파 대중운동은 미국 포퓰리즘을 주로 진보적 현상에서 반동적 현상으로 바꿔놨다."[15]

윤석열의 종북몰이는 21세기판 매카시즘이다. 운동권 특권세력에 맞서는 개혁 정치인 이미지로 권력을 획득한 그는, 점차 반공주의를 내세우며 비판 세력에 대해 '공산전체주의' 혹은 '종북 반국가세력' 딱지를 붙여 일소하려 했다.

전문가들이 거론하는 포퓰리스트의 특징은 다음과 같다. 첫째, 기존의 정당·제도·체제·엘리트를 비판하고 질타한다. 기성 정치와 주요 정당에 대한 실망과 혐오를 부추기고 대중을 동원하는 방향으로 나아간다. 둘째, 권위주의적 법과 질서, 단호한 해결책을 추구한다. 개혁을 주장하지만, 그 내용이 미래 사회의 이상이 아니라 과거 권위주의 질서에서 방향을 찾는다. 셋째, 대중에게 카리스마적 리더십을 갖는다. 정치를 타락한 것으로 간주하며, 자신은 국가적 위기 상황에서 마지못해 정치에 나선 것으로 포장한다.

넷째, 사회를 '선한 우리'와 '악한 그들'로 나눈다. 따라서 사회가 각기 다른 생각과 이해관계를 가진 다종다양한 집단으로 구성되며, 정치는 타협과 합의를 통해 다양한 집단의 이익과 가치를 반영해야 한다고 보는 다원주의와 거리가 멀다. 다섯째, 감성적 선동과 선전 방식을 선호한다. 엘리트에 대한 적개심을 일으키고 정치 이슈도 선악 구도로 단순화한다. 희생양, 원흉 등 감정적 언어를 자주 구사하는 것도 특징이다.[16]

윤석열에겐 이런 특성들이 대부분 관찰된다. 정치 입문 초기, 그는 자신이 검찰총장으로 몸담았던 문재인 정권을 국민들을 "약탈"하는 세력이라고 했다. 선거 캠페인 과정에선 앞서 언급했듯 상대 후보인 이재명을 가리켜 "사회주의로 탈바꿈시키려는 몽상가" "공산당 좌파 혁명이론에 빠져 있는 소수"라 칭했다. 임기 첫해 지지율 급락을 맞자 야당에 '종북 반국가세력' 프레임을 씌워 지지를 결집하고, 이듬해 4월 총선 전략으로도 활용했다.

정치철학자 마가렛 캐노번에 따르면, 포퓰리즘은 크게 7가지 유형으로 분류할 수 있다. 농민 급진주의(미국 인민당 운동), 혁명적 지식인 포퓰리즘(러시아 브나로드 운동), 소농 포퓰리즘, 포퓰리스트 독재(페론주의 등), 포퓰리스트 민주주의(직접 민주주의 등), 반동적 포퓰리즘(외국인 혐오 부추기기 등), 정치인 포퓰리즘(정치인들의 포괄적 국민 호명과 대중적 호소)이다.[17]

윤석열은 '정치인 포퓰리즘'에서 '포퓰리스트 독재'로 나아가려다가 실패한 케이스다. 그는 임기 내내 '선량한 국민'과 '부패한 엘리트 집단'을 대비시키며 '이권 카르텔과의 전쟁'에 나섰다. 특히 전임 정권과 야당·언론·노조·시민단체·과학기술계·의료계 등을 부패 카르텔로 규정하고 사정몰이를 하며 지지층 결집을 시도했다. 막판에는 '범죄자 소굴'인 국회의 입법 독재를 타파하겠다며 친위 쿠데

타까지 시도했다. 12·3 비상계엄은 '포퓰리스트 독재'로
가는 마지막 관문이었다.

윤석열이라는 무기에 환호한
한국의 매카시들

윤석열은 취임사에서 '반지성주의'를 언급한 바 있다. 그는
"국가 간, 국가 내부의 지나친 집단적 갈등에 의해 진실이
왜곡되고, 각자가 보고 듣고 싶은 사실만을 선택하거나 다
수의 힘으로 상대의 의견을 억압하는 반지성주의가 민주
주의를 위기에 빠뜨리고 있다"고 했다. 반지성주의는 역사
학자 리처드 호프스태터가 《미국의 반지성주의》(1963)에
서 처음 언급한 개념으로, 매카시즘이 횡행하던 1950년대
미국 사회와 미국인들의 태도를 집약하는 용어이기도 하
다. 대개 객관적 사실에 근거하지 않는 편견이나 진영 논리
가 반지성주의의 사례로 꼽힌다.

아이러니하게도 윤석열은 스스로 반지성주의를 실천
하며 임기 내내 자신의 취임사를 배반한다. 그는 자신이 보
고 싶은 사실만 선택하고 다른 견해는 배척하는 극심한 확
증편향을 드러냈다. 야당 등 비판 세력을 '종북 반국가세

력'이라 칭하며 공존이 아닌 배제, 더 나아가 척결의 대상으로 봤다. 끝내는 상식적으로 납득하기 힘든 부정선거 음모론에 심취해 비상계엄 선포라는 극단적 선택까지 감행했다. 요컨대 그는 자유민주주의로 위장한 '반지성주의적 포퓰리스트'였다.

매카시즘의 본질에 대한 호프스태터의 통찰은 시사하는 바가 크다. 그는 "매카시즘이 실제로 했던 역할은 간첩을 적발하거나 간첩 활동을 저지하고, 진짜 공산주의자를 폭로하는 등의 단순하고 합리적인 것이 전혀 아니었다. 그보다는 원한이나 욕구불만을 해소하고, 처벌하고, 기본적으로 공산주의 문제와는 별개의 적의를 씻어주기 위한 것이었다"고 했다.

덧붙여 신봉자들이 느낀 매카시의 매력은 그의 방법에 있었다면서, "그들로서는 매카시가 고발 대상을 점점 확대하는 것이 좋았다. 그렇게 되면 의혹의 그물을 넓게 펼침으로써 이제 더는 공산주의자가 아니거나 과거에도 공산주의자가 절대 아니었던 많은 희생자를 잡을 수 있었기 때문"이라고 했다. 공산주의가 그들의 표적이 아니라, 뉴딜정책을 추진해온 미국 진보세력을 공격하기 위한 효과적인 '무기'로 활용됐으며, 여기에 우파가 환호했다는

얘기다.[18]

　조지프 매카시의 시대에서 70여 년 떨어진 대한민국에 난데없이 매카시즘이 횡행했다. 윤석열의 '종북 반국가세력' 몰이에 환호한 건 전광훈류의 극우 세력만이 아니다. 국민의힘-검찰-법원-언론-학계 등에 똬리를 튼 수구반공세력은 특히 윤석열 탄핵반대 운동을 기회로 다시 발호해 대한민국 민주주의를 1980년대 군사독재 시절로 되돌리려고 했다.

"중요한 건
일본의
마음"

실리도
명분도 잃은
대일외교

2023년 3월 1일 서울 중구 유관순기념관에서 열린 3·1절 기념식. 대통령 윤석열은 이날 기념사에서 당시 현안인 강제동원 피해자 배상 등 과거사 언급을 전혀 하지 않은 채 일본을 "협력 파트너"라고 추어올리며 미래를 강조했다. 그는 "3·1운동 이후 한 세기가 지난 지금 일본은 과거의 군국주의 침략자에서 우리와 보편적 가치를 공유하고 안보와 경제, 글로벌 어젠다에서 협력자로 변했다"고 말했다.

그는 또한 "우리는 보편적 가치를 공유하는 국가들과 연대하고 협력해 세계시민의 자유 확대와 세계 공동의 번영에 기여해야 한다. 이것은 104년 전, 조국의 자유와 독립을 외친 그 정신과 다르지 않다"고 덧붙였다. 독립운동 정신을 자유민주주의를 기반으로 한 국제사회와의 연대·

협력과 연결 지은 것이다. 한일관계 개선과 한미일 3국 협력을 강조하려는 의도로 보인다.

이런 입장은 3·1절 기념사를 통해 과거사 청산 문제에서 일본의 책임을 강조해온 그의 전임자들과는 완전히 달랐다. 특히 당시는 한일 정부가 이어온 강제동원 관련 협상이 답보하는 상황이었다. 한국 정부는 일제강제동원피해자지원재단을 통한 '제3자 변제' 방식을 해법으로 제시하는 대신, 일본의 사과와 전범기업들의 배상 참여 등을 기대했다. 그러나 일본 쪽에서는 별다른 호응이 없었고, 때마침 열린 3·1절 기념식은 한국 대통령이 일본 정부를 압박할 좋은 기회였다. 그런데도 윤석열은 강제동원과 관련해 한마디도 언급하지 않았다. 그의 기념사는 1340여 자로 매우 짧았다. 문재인은 6400여 자, 박근혜는 2600여 자였다. 대통령실 관계자는 "초안에서 윤 대통령이 직접 빨간 펜을 잡고 수정해서 분량이 줄었다. 3·1절에 맞는 분산되지 않은 분명한 메시지를 내길 원했다"고 말했다.[19]

대통령의 피해자 탓하기

한일병합에 대해서도 윤석열은 국민들의 인식과는 다른

견해를 드러냈다. "오늘 우리는 세계사의 변화에 제대로 준비하지 못해 국권을 상실하고 고통받았던 우리의 과거를 되돌아봐야 한다. 변화하는 세계사의 흐름을 읽지 못하고 미래를 제대로 준비하지 못한다면 과거의 불행이 반복되게 될 것은 자명하다." 일본의 침략과 강제 병합이라는 역사적 실체는 도외시한 채 '피해자 탓'을 강조란 것이다. 조선의 정세 판단이 아쉽고 자강 노력이 부족했던 것은 사실이지만, 대통령이 3·1절 기념식에서 굳이 이 대목에만 힘을 싣는 것은 납득하기 어려웠다.

닷새 뒤인 3월 6일 외교부 장관 박진이 기자회견을 열었다. 강제동원 피해자 배상 문제에 관한 정부의 방안을 발표하는 자리였다. 그런데 정부안에는 국내 재단을 통해 배상금(판결금)을 지급하는 '제3자 변제' 방안만 담겼고, 일본 정부의 사죄나 가해 전범기업의 배상 참여 등은 찾아볼 수 없었다. 이 방안은 '1965년 한일 청구권 협정으로 과거사 배상 문제는 완료됐다'는 일본의 주장을 거의 그대로 받아들인 것이다. 한국 정부의 요구는 "일본 쪽이 일본 정부의 포괄적인 사죄, 일본 기업의 자발적인 기여로 호응해 오기를 기대한다"라는 게 전부였다.

시민사회에서는 '최악의 굴욕 외교'라는 비판이 비

등했다. 실제로 이후 일본에선 아무런 성의를 보이지 않았다. 일본 총리 기시다 후미오가 "전체적으로 계승한다"라는 모호한 말만 남겼을 뿐이다. 이런 협상 결과는 속도전을 강조한 한국 대통령의 뜻이 반영된 것이었다. 한미일 안보 동맹을 한국이 살아남는 유일한 길로 상정한 윤석열은 참모진에게 "어차피 할 거면 빨리 하는 게 낫다"라며 타결을 재촉했다.[20] 한마디로 한국 대통령이 한일관계 개선에 조급함을 노출하면서 협상 주도권이 일본 쪽에 넘어갔다는 얘기다.

이 당시 대통령실 인사를 사석에서 만난 적이 있다. 민주당 정부에도 몸담았던 인물이기에 윤석열 정권의 대일 정책에 다른 시각을 기대했지만 예상 밖이었다. 그는 윤석열의 입장을 전적으로 옹호했다. 논리도 희한했다. 과거사 문제와 관련해 일본 정부는 양보할 의지가 없으니 우리가 양보해야 한다는 것이었다. 한국에 양보하면 다른 피식민지 국가에게 빌미가 되며, 그건 감당하기 어렵다는 일본 정부의 입장도 덧붙였다. 우리 국민이 입은 피해와 고통보다는 가해국 일본의 입장을 더 배려한다는 인상을 지울 수 없었다.

이런 태도는 2024년 8월 16일 국가안보실 1차장 김태효가 "과거사 문제에 대해 일본이 고개를 돌리고 필요한 말을 하지 않으면 엄중하게 따지고 변화를 시도해야겠지만 중요한 건 일본의 마음"이라며 "(사과할) 마음이 없는 사람을 다그쳐서 억지로 사과를 받아낼 때 그게 과연 진정한가"라고 말한 것과도 일맥상통한다.

김태효,
윤석열의 외교안보 일타강사

윤석열 정권의 굴욕적 대일외교는 윤석열 자신의 단순하고 이분법적 사고체계 및 국제정세 인식과 함께 그를 둘러싼 뉴라이트[*] 측근 그룹의 영향력이 작용한 결과다. 특히 김태효의 영향력이 컸다. 직속상관인 국가안보실장이 세 차례나 교체되는 와중에도 그의 자리는 굳건했다. 윤석열의 절대적 신임을 받았기 때문이다. 실제로 윤석열의 외교

[*] 전통적인 냉전·반공 보수주의와 차별화를 꾀하며 2000년대 이후 등장한 대안우파, 혹은 신우파 운동과 그 세력을 가리킨다. 경제적으로는 신자유주의 노선을 따르며, 정치적으로는 반공주의에 기반한 이승만·박정희 정권에서 대한민국의 정통성을 찾고, 역사 문제에서는 식민지근대화론에 근거해 일제강점기를 긍정하는 경향을 보인다.

안보 인식에는 김태효의 세계관이 짙게 투영되어 있었다.

김태효의 생각은 2021년 학술지《신아세아》에 투고한 〈미중 신냉전 시대 한국의 국가전략〉[21]이란 논문에 잘 드러나 있다. 특히 첫 페이지의 초록은 윤석열 정권 외교안보 노선을 그대로 요약한 수준이다.

> 미중 신냉전이 격화하면서 한국 대외전략의 선택지가 시험대에 올랐다. 지난 5년 사이에 본격화된 미국의 대중 봉쇄정책은 마치 과거에 소련에 했던 것처럼 중국이 미국 앞에 완전히 굴복하고 쓰러질 때까지 지속될 것으로 전망된다. 이제는 미국과 중국 사이에서 적당히 잘 지내면서 모호한 외교를 펴는 것이 불가능해졌다. 2017년 이후 자주적 균형외교를 부활시키면서 친북, 친중 노선에 유난히 경도된 한국 정부에게 미국이 동맹외교의 앞날을 묻고 있다.

한일 과거사에 대한 인식도 엿볼 수 있다. 김태효는 "'가치동맹'을 주춧돌 삼은 안보와 경제의 다자협력체에 한국이 참여해 달라는 것이 미국의 입장 (…) 나아가 과거사 문제로 악화된 일본과의 관계를 개선하고 미국이 주도하는 인도·태평양 지역의 다자 공동체에 한일 양국이 함께 동참해달라는 요구사항으로 연결된다"라고 말한다. 윤석열이 한일관계 개선에 조바심을 낸 이유를 설명해주는 대목이다.

한편 논문 말미엔 야당을 종북 반국가세력으로 몰아간 윤석열의 정치관을 빼닮은 서술이 등장한다.

북한의 대남 통일전선전술이 한국정치에 깊숙이 개입돼 있으며, 이와 직간접적으로 결부된 좌파 세력이 맹목적인 자주외교와 민족주의 노선을 증폭시켜 왔다. 2022년 3월의 대통령 선거가 다가오고 있다. 대한민국 세력과 반국가 세력의 양 극단 논리가 중간지대에서 표류하는 대중의 지지를 끌어들이기 위해 펼치는 여론전이 격화할 것이다. 각자 국민은 어떤 이유에서 나라의 지도자를 새로 뽑든 그 결과는 향후 수십 년 동안의 나라의 운명을 결정할 것이다.

김태효는 성균관대 정치외교학과 교수 시절부터 일본과의 안보협력 강화 필요성을 역설해온 인물이다. 〈한일관계 민주동맹Democratic Alliance으로 거듭나기〉[22]라는 논문에서 그는 일본의 유엔 안전보장이사회 진출을 옹호하며 '한반도 유사시 자위대의 지원 역할'을 강조한다. 그는 이명박 정권의 청와대 대외전략비서관으로 재직하던 2009년 제5회 나카소네 야스히로 상을 수상하기도 했다. 나카소네 야스히로는 1965년 8월 15일 일본 총리로는 처음으로 A급 전범이 합사된 야스쿠니 신사를 공식 참배한 인물이다. 일본 우익에서도 김태효를 우호적 인사로 일찌감치 점찍은 것으로 해석된다. 이후 그는 2012년 한일 군사정보보호협정GSOMIA을 밀실에서 추진하려다 여론 반발에 밀려 중도 사퇴하게 된다.

실리도 명분도 잃다

백보 양보해서 윤석열이 한일관계 개선에 속도전으로 임하는 게 오늘의 국익에 도움이 된다면 이해할 구석이 있다. 문제는 그의 결정이 그릇된 현실 판단에 근거한다는 점이다. 윤석열 정권이 강제동원 피해자 배상 문제를 양보하면서 얻어내려고 한 것은 일본의 반도체 소재 수출 규제 해제였다. 이 규제는 한국 산업계가 일본의 부품산업에 크게 의존하던 시기엔 상당한 타격으로 다가왔다. 하지만 이후 4년에 걸쳐 부품 수입처를 다변화하거나 국산화에 성공했고, 협상이 개시되던 무렵엔 상당 부분 극복을 한 상태였다. 당시 정부의 관련 태스크포스TF에 참여했던 관계자는 내게 "우리가 일본에게 그렇게 굽히고 들어갈 상황이 아니었다"고 말한 바 있다.

안보 이슈는 더 심각하다. 윤석열이 한일관계 개선에 목맨 까닭은 한미일 안보협력을 강화하기 위한 포석으로 볼 수 있다. 그 결과물이 2023년 8월 워싱턴에서 열린 한미일 정상회담에서 나온 '캠프 데이비드 합의'다. 이는 한미일 삼각 안보협력을 준동맹 수준으로 격상시킨 것이었다. 북한의 핵 위협이 고도화한 만큼 이런 행보를 긍정하는 이도 있을 것이다. 그러나 북한의 핵 위협은 남한의 첨단 재래식 무기 역량과 미국의 핵미사일 확장억제로 충분히 대응할 수 있다. 도리어 한미일 안보협력 행보는 북한을 자극해 '북러 밀착'의 계기로 작용했다. 남북 간 군비경쟁과 한반도 긴장을 키우는 결과를 초래했다는 얘기다.

얼어붙은 한일관계를 개선하는 것은 정치지도자의 의무다. 그러나 원칙이 있어야 한다. 특히 과거사와 같은 인권 문제에서 제1 원칙은 일본의 마음이 아니라 피해자의 마음을 헤아리는 것이다. 윤석열은 원칙을 어겼다.

홍범도 지우기,

독립군을 부정하는 육군사관학교

2023년 8월 25일 육군사관학교는 교정에 설치한 대한독립군 총사령관 홍범도의 흉상을 이전하겠다고 발표했다. 홍범도의 소련 공산당 가입 전력이 육사의 정체성과 맞지 않는다는 게 이유였다. 국방부는 이튿날 기자들에게 보낸 문자메시지에서 "자유민주주의와 대한민국을 수호하는 장교 육성이라는 육사의 정체성 고려 시 소련 공산당 가입·활동 이력이 있는 분을 생도 교육의 상징적인 건물의 중앙현관에서 기념하는 것은 적절하지 않다"라고 밝혔다. 의병과 독립군을 이끌며 봉오동 전투, 청산리 전투 등을 주도한 홍범도는 진보와 보수를 막론하고 역대 정부가 항일 무장독립투쟁의 최고 지도자로 손꼽아온 인물이다. 따라서 국방부와 육사의 이런 발표는 많은 국민들을 충격에 빠뜨렸다.

독립군의 사상을 검증하겠다는
국방부

홍범도(1868~1943)는 평양에서 태어나 포수 생활을 하다 의병에 참여했다. 1920년 간도 봉오동 골짜기에서 일본군과 독립운동 최초의 전면전을 벌여 승리했고, 청산리 전투의 승전에도 크게 기여했다. 1937년 소련 스탈린의 고려인 강제이주 정책으로 카자흐스탄에 정착했고 말년에는 극장 수위 등으로 일하다 타계했다.

국방부는 홍범도의 공산당 가입 이력을 문제 삼았다. 그러나 전문가들은 당시 연해주·만주 등에서 활동한 무장 독립운동가들은 이념보다는 소련·중국 등으로부터 지원을 얻기 위해 집권세력인 공산당과 협력해야 했다고 보고 있다. 사학자 박찬승은《한겨레》와의 인터뷰에서 "홍 장군이 공산당에 입당한 이유는 주변 고려인들이 독립운동도 하고 연해주에서 농사까지 지으며 어렵게 사는 모습을 보고 군인연금을 받기 위해서라도 입당을 권유했기 때문"이라며 "홍 장군은 공산주의 활동을 한 것이 아니라 생활상 어려움 때문에 가입한 것"이라고 설명했다.

홍범도는 보수 정부에서도 추앙하는 인물이었다. 박

정희는 1962년 홍범도에게 건국훈장(대통령장)을 추서했고, 노태우는 카자흐스탄에 묻힌 유해 송환을 시도했다. 2016년 박근혜 정부는 새로 진수한 7번째 손원일급 잠수함을 '홍범도함'으로 명명했다. 이런 독립 영웅의 흉상을 육사에서 철거한다니 보수 인사들 사이에서도 너무한다는 비판이 터져 나왔다. 21대 대선에서 윤석열을 지지했고, 그의 멘토 역할을 한 광복회장 이종찬마저 "민족적 양심을 저버린 귀하는 어느 나라 국방장관인지 묻지 않을 수 없다"고 비판할 정도였다.

1910~1920년대에 주로 활동했고, 해방 이전에 타계한 홍범도의 행적을 두고 국가 정체성에 어긋난다는 주장은 어불성설이다. 반공 보수·극우 세력이 전가의 보도로 휘두른 '빨갱이 프레임'은 광복 이후, 특히 한국전쟁 이후 생긴 것이다. 따라서 어떤 보수 정권도 홍범도의 이력을 문제 삼지 않았다. 게다가 1990년대 김영삼-김대중 정권부터는 독립유공자를 심사할 때 사회주의 계열 독립운동가에 대해서도 북한의 김일성 정권 수립에 직접 관여하지 않는 한 서훈을 하는 방향으로 기준을 완화해왔다.

시민들의 상식과
다른 세상을 꿈꾸는 대통령

윤석열 정권의 '국가 정체성 세우기 운동'은 그런 홍범도를 희생 제물로 삼았다. 윤석열의 이념-역사 전쟁이 시대착오적 매카시즘과 다름없음을 드러내는 상징적 장면이다. 당시 민주당의 원로 정치인 유인태는 윤석열을 가리켜 "원래 제가 듣고 있기로는 그랬던 사람이 아닌데 저러는 거는 늦깎이 뉴라이트 의식화가 된 게 아니냐. 원래 늦깎이 의식화가 되면 더 열정적"이라고 꼬집었다.[23]

멘토인 광복회장 이종찬의 충언에도 윤석열은 아랑곳없었다. 이종찬은 독립운동가 우당 이회영의 손자로, 윤석열 부친과도 친구 사이였다. 이종찬의 아들인 법학자 이철우는 윤석열과 죽마고우로, 2021년 그의 대선 출마를 지지하기도 했다. 그러나 이 사건과 관련해서는 "부당한 사상검열의 표적이 된 홍범도를 지켜야 한다"라고 주장했다. 한편 이철우는 12·3 비상계엄 달포 뒤인 2025년 1월 8일 페이스북에 윤석열에 대한 자신의 심경을 토로했다.

2021년 그의 언동에서 진영적 사고와 갈라치기, 폭력적 기운을 느꼈지만 그의 졸개들이 추진한 홍범도 흉상 제거, 2023년 8·15 경축사를 통해 반대세력을 공산전체주의로 몰아세우는 담론 전략을 보기 전에는 그가 정신적으로 화융할 수 없는 사람임을 깨닫지 못했다. (…) 홍범도 흉상 철거 계획을 꾸짖는 광복회장을 겁박하기 위한 시위대가 우리 집 앞에 와서 연일 고성을 지르는 것을 보면서, 백범을 테러리스트로 규정하는 궤변이 정권의 비호를 받는 것을 보면서, 일본 제국주의의 주구들을 섬기는 자들, 식민지 노예근성을 노멀로 여기는 자들이 대한민국의 민주주의를 파괴하는 세력임을 깨닫게 되었다.

이철우는 일본제국주의에 부역한 친일·반공 세력을 한국 극우의 뿌리로 지목하며, 12·3 비상계엄 이후 극우 세력의 결집을 우려한다. 그는 당시 《한겨레》와의 서면 인터뷰에서 "윤 대통령은 목적을 위해 자기 입장을 강화해줄 이념을 차용하는데, 일단 차용하면 굉장히 세게 표현을 하는 경향이 있다"라며 "(대통령이 되기 전) 그렇게 강한 이념 지향성을 가지지 않았기 때문에 국민통합의 메시지를 들고 나올 것으로 기대했다. 하지만 전혀 반대의 입장을, (처음부터) 강한 신념을 가지고 있었다는 것처럼 취하면서 극

우화한 것"이라고 풀이했다.[24]

　이에 따르면 윤석열이 뉴라이트 이념에 빠져든 것도 자신의 목적을 달성하기 위한 것으로 해석할 수 있다. 2023년 8월 광복절 기념사에서 시작된 '반국가세력과 전면전'이라는 공안몰이에 뉴라이트 세력과 그 이념을 도구로 활용한 셈이다. 이후 윤석열은 위기 때마다 뉴라이트 세계관을 피력하며 지지층 결집을 시도한다. 물론 뉴라이트 입장에서도 대통령의 입을 빌려 자신들의 주장을 국가적 의제로 내세우는 절호의 기회이니 마다할 이유가 없다. 비극은 뉴라이트가 꿈꾸는 세상이 한국 시민들의 보편적 상식과 동떨어져 있다는 데 도사리고 있다. 홍범도 흉상 이전 사건은 그 비극의 한 꼭짓점이다.

해방 80년, 역사의 전복을 시도하는 뉴라이트

뉴라이트는 '신보수주의 우파'를 의미한다. 2004년 북한 민주화를 기치로 내걸며 등장한 이후 차츰 식민지 근대화론, 이승만·박정희 긍정적 재평가, 1948년 건국절 주장 등을 펴면서 친일·극우 세력으로 변신을 거듭했다. 이명박

정권에 참여하면서 세력을 키워온 이들은 윤석열 정권부터는 권력의 주류로 발돋움했다. 국가안보실 1차장 김태효, 고용노동부 장관 김문수, 통일부 장관 김영호, 방송통신위원장 이동관, 대통령실 정무수석 한오섭 등이 대표적 뉴라이트 인사다.

김문수는 홍범도 흉상 이전과 관련해 자신의 페이스북에 "홍범도. 자유시 참변 때 독립군 수백 명을 학살한 소련군에 가담하여 공을 세웠다고 레닌으로부터 권총·군복·상금까지 받고, 소련 공산당원이 됐습니다. 광복절·건국절에 이승만은 지워버리고, 소련공산당원 홍범도만 띄우는 문재인의 목적지는 조선민주주의인민공화국인가요"라는 내용의 글을 올린 바 있다.

김영호는 2005년 '뉴라이트싱크넷' 운영위원장을 맡고, 뉴라이트 성향의 역사 교과서 모임인 '교과서 포럼'에도 참여한 인물이다. 그뿐만 아니다. 뉴라이트는 역사와 교육 분야를 관장하는 정부출연연구기관 수장 자리 대부분을 꿰찼다. 한국학중앙연구원장 김낙년, 국사편찬위원장 허동현, 동북아역사재단 이사장 박지향, 독립기념관장 김형석, 국가교육위원장 이배용, 진실화해위원장 김광동 등이 모두 뉴라이트 계열로 분류된다.

뉴라이트의 득세는 해방 이후 친일파를 단죄하지 못한 후과다. 친일파 연구가인 민족문제연구소장 임헌영은 2025년 3월《한겨레》와 인터뷰에서 해방 80년이 지났지만 여전히 '친일파 세상'이라고 했다. 왜 그렇게 보느냐는 질문에 그는 홍범도 흉상 이전 시도와 뉴라이트 인사를 국책연구소 기관장에 임명한 사례를 들며 이렇게 말했다. "대통령에게 대표적인 친일 악령이 씌지 않았다면 상상할 수 없는 일입니다. 이승만, 박정희, 전두환, 박근혜 등 역대 어떤 정부도 이렇게는 하지 않았어요. 속으론 그렇게 하고 싶었겠지만, 감히 못했죠."[25]

자기 확신에 취한
돈키호테

그러나 앞서 이철우의 분석처럼 뉴라이트 등용은 윤석열의 신념이라기보다는 정권의 입지를 위한 '오버액션'으로 보이기도 한다. 2024년 8월 27일 국회 운영위원회 전체회의에서 국가안보실 1차장 김태효는 '이 정도면 윤 대통령을 뉴라이트로 볼 수 있느냐'는 민주당 의원 서미화의 물음에 "대통령께서는 아마 뉴라이트의 의미를 정확히 모르고

계실 정도로 이 문제와 무관하다"고 답했다. 서 의원이 '대통령이 뉴라이트 의미를 잘 모르느냐'고 재차 확인하자, 그는 "예"라고 짧게 답했다. 김태효가 거짓으로 답변했다고는 생각하지 않는다. 실제로 윤석열은 이틀 뒤인 8월 29일 열린 기자회견에서 뉴라이트 인사 중용 논란과 관련해 "나는 뉴라이트가 뭔지 잘 모른다. (…) 정부 인사는 국가에 대한 충성심, 그리고 직책을 맡을 수 있는 역량, 두 가지를 보고 있다. 무슨 뉴라이트냐 뭐냐 이런 거 안 따지고 하고 있다"라고 말했다. 그렇다면 우리는 역사의식이 부재한 대통령이 특정 이념을 권력의 도구로 삼을 때 어떤 비극이 일어나는지 똑똑히 목격한 셈이다.

당시 보수진영에서도 윤석열의 행보를 걱정스럽게 바라봤다. 자유민주주의에 대한 소신을 드러내는 것은 한미동맹 강화와 한일관계 개선만으로 충분한데, 난데없이 역사전쟁을 일으킨 것에 대한 우려였다. 그러나 소귀에 경 읽기였다. 윤석열은 모두가 아니라고 하는 데도 자기 확신에 취해 질주하는 돈키호테다. 그는 한번 마음을 먹으면 방향을 바꾸지 않는다. 김건희 명품백 수수, 채 상병 사건 수사 외압 의혹 등 전 국민이 한숨짓는 일에서조차 자기 고집을 꺾을 줄 몰랐다. 오히려 대국민 담화나 기자회견을 열어 자기주장을 일방적으로 쏟아내 사태를 더 악화시키기 일쑤였다. 그의 임기는 이런 일의 무한반복이었고, 자아도취에 빠진 돈키호테식 행보에 결국 핵심지지 세력마저도 등을 돌리고 말았다.

'올인 외교'의 비용청구서,

한미일 군사동맹과 안보 딜레마

2023년 8월 18일 한미일 정상회의가 미국 메릴랜드 주에 위치한 캠프 데이비드에서 열렸다. 미국에서의 정상회담은 대부분 워싱턴 백악관에서 진행된다. 그런데 당시 미국 대통령 조 바이든은 이례적으로 미국 대통령 휴양지인 캠프 데이비드로 한일 정상을 초청했다.

미국 언론은 캠프 데이비드가 갖는 상징성에 주목했다. 이곳은 1978년 미국의 중재로 이스라엘-이집트가 평화협정(캠프 데이비드 협정)을 맺은 역사적 장소다. 미국은 그만큼 한미일 정상회의에 의미를 두고 있었다. 대중국 견제를 위해 미국이 염원해온 한미일 삼각 안보협력이 실현되는 순간이기 때문이다. 한국에선 굴욕적 대일외교라며 들끓었지만 한일 정상 간 화해라는 목적을 이룬 미국으로

선 대만족이었다. 회담이 끝난 뒤 세 정상은 노타이 차림으로 기자회견을 했다. 바이든이 가운데, 오른쪽에 윤석열, 왼쪽에 일본 총리 기시다 후미오가 섰다. 바이든은 웃음을 띠며 "이번 회담은 캠프 데이비드에서 내가 연 첫 정상회의다. 협력의 시대를 시작하기에 이보다 적합한 곳은 없을 것"이라고 말했다.

뭔가가 오리처럼 꽥꽥거린다면, 그것은 오리가 맞다

회담 결과는 파격적이었다. 3국이 매년 정상회담을 열며, 공동 군사훈련 실시와 함께 북한 미사일 정보의 실시간 공유체계를 연내 구축한다는 내용이 포함됐다. 가장 주목을 끈 것은 이른바 '3자 협의에 대한 공약'이다. 세 정상은 "지역적 도전, 도발 위협에 대한 대응을 조율하기 위해 3자 차원에서 서로 신속하게 협의하도록 할 것을 공약한다"라고 발표했다. 3국간 협의 강화의 정치적 의지를 최고위급에서 약속한 것으로, 구체적 방법으로 정보 공유, 메시지 조율, 대응조처 신속 협의가 제시되었다. 이는 외부 위협에 3국이 즉각 공동 대응에 나설 수 있다는 점에서 사실상 동맹에 준하는 안보 협력체라는 해석이 나왔다.

그동안 3국의 군사적 관계는 한미상호방위조약 (1953)에 근거한 한미동맹과 미일안전보장조약(1951)에 근 거한 미일동맹으로 나뉘어 있었다. 미국은 내심 한미일 안 보동맹을 바라왔으나 한일 갈등으로 그 꿈은 요원해 보였 다. 그런데 이번 회의에서 사실상 이를 실현한 것이다. 물 론 사안의 민감성을 의식한 한국 대통령실과 미국 백악관 은 이것이 3국 군사동맹이 아니라고 극구 부인했다.

그러나 백악관 국가안보회의 아시아 담당 보좌관 을 지낸 미국 전략국제문제연구소CSIS 부소장 겸 한국석 좌 빅터 차는 당시《워싱턴포스트》에 이렇게 썼다. "3국이 그렇게 부르지 않을지라도, 새로운 3국 간 군사동맹a new trilateral military alliance이나 마찬가지다. 뭔가가 오리처럼 꽥꽥거린다면, 그것은 오리가 맞다."[26] 그의 말마따나 3국 이 해마다 연합 군사훈련을 하고, 위기가 발생할 때 정상 간 신속한 합의와 공동 대응이 이뤄진다면, 그게 군사동맹 이지 무엇이겠는가. 이에 당시《한겨레》는 이 소식에 '준동 맹'이라는 제목을 달아 보도했다. 또한 이 회의를 기점으로 미국 주도의 북중러 포위망이 한층 두터워지면서 역내 긴 장도가 높아질 것을 우려했다. 동아시아에 오커스AUKUS

와 쿼드Quad[*]에 이은 또 하나의 대중국 견제축이 세워진 셈이기 때문이다. 특히 3국 연례 군사훈련 장소는 중국·러시아와 마주보고 있는 동해상이나 동중국해와 인접한 제주 인근 해역이 될 가능성이 높다.

한미일 군사협력과
안보 딜레마

윤석열은 귀국 직후인 8월 21일 국무회의에서 3국 정상회의의 성과를 자찬했다. 그는 텔레비전으로 생중계된 모두 발언에서 "한미일 삼각 협력 결정체는 북한의 도발 위험을 낮추고 우리 안보를 더욱 튼튼하게 할 것"이라고 말했다. 더욱 주목을 끈 것은 생중계되지 않은 마무리 발언이다. "'안보가 위험하다'는 식의 주장이 있다는데, 3국 협력을 통해 우리가 강해지면 외부의 공격 리스크가 줄어드는데, 어떻게 안보가 위험해진다는 것이냐"라고 반문했다는 것이다.

---

[*]   오커스는 미국·영국·호주의 군사동맹, 쿼드는 미국·일본·호주·인도가 참여하는 4자 안보회담을 말한다.

그런 기대와 달리, 한반도는 그 이후 더 위험한 곳이 됐다. 한국이 미국·일본과 군사적 밀착을 강화해나가자 북한의 도발은 더 심해졌다. 북한 국무위원장 김정은은 2024년 6월 러시아 대통령 블라디미르 푸틴과 정상회담을 열고 북러 군사동맹으로 나아갔다. 한미일 정상회의가 열린 지 9개월 만에 북한과 러시아가 밀착한 것이다.

북러조약(조선민주주의인민공화국과 러시아연방의 포괄적인 전략적 동반자 관계에 관한 조약)에서 양국은 1961년 폐기한 '유사시 자동 군사개입 조항'까지 부활시켰다. 푸틴은 새 협정이 "협정 당사자 중 한쪽이 침략당할 경우 상호지원mutual assistance을 제공한다"라고 밝혔다. 북한은 기존 중국과의 동맹에 이어 60년 만에 러시아와도 군사동맹을 맺은 것이다. 이에 따라 북한은 2024년 10월엔 러시아 – 우크라이나 전쟁에 조선인민군 1만 명 이상을 파병했고, 그 대가로 군사정찰위성 등 러시아의 첨단 군사기술을 전수받은 것으로 알려졌다.

이렇듯 윤석열의 생각과 달리 한미일 군사협력을 강화 이후 한반도의 위험은 더 고조되었다. 북한의 핵미사일 및 군사정찰위성 기술이 더 고도화되고 있기 때문이다. 이런 추세라면 남북의 군비경쟁은 한층 치열해질 것이다.

국제정치학에는 '안보 딜레마'라는 개념이 있다. 한 나라가 군사력 증강과 동맹 확대로 힘을 키우면 불안을 느낀 상대국이 맞대응한다. 이렇듯 양쪽 모두 합리적 선택을 한 결과 양측 모두의 안보가 불안해지는 역설이 발생한다는 것이다.[27] 특히 한반도는 지정학상 4대 강국(미중러일)의 결절에 위치한다. 어느 쪽으로든 균형추가 쏠리면 다른 쪽이 그에 상응하는 조치를 하게 돼 있다. 최악의 경우엔 오판에 의한 전쟁이 초래될 수도 있는 것이다. 윤석열은 이런 냉혹한 국제관계의 현실과 작동원리를 제대로 이해하지 못했다. 그에게 안보 자문을 하는 소위 전문가들도 편협한 인식에 사로잡혀 있었다.

가능성을 차단하는
윤석열의 외교

자유민주주의 대 공산전체주의라는 윤석열의 이분법적 세계관은 외교안보 정책에도 거의 그대로 투영됐다. 이 같은 인식 구조에서는 한미일 안보협력체가 자유민주주의의 중심축이 되어야 한다. 윤석열은 이를 '안보 결정체'라 했다. 결정체란 원자·분자 따위가 규칙적으로 일정한 법칙에 따라 배열되고, 외형도 대칭 관계에 있는 몇 개의 평면으로 둘러싸여 규칙 바른 형체를 이룬 물질을 말한다.

윤석열은 이에 대한 반작용으로 북중러가 또 다른 결정체를 이룰 것이라는 생각은 하지 못했을까? 한반도를 중심으로 두 결정체가 맞부딪쳐 거대한 충돌이 발생할 가능성이 그의 사고 체계로는 그리도 이해하기 힘든 것이었을까? 윤석열은 세계 패권국 미국에 착 달라붙으면 모든 문제가 해결된다는 한국 보수 세력의 신념을 극단까지 밀어붙였다.

12·3 비상계엄 선포로 윤석열이 롤모델로 삼았음이 드러난 과거 군사독재자들도 이렇게까지는 하지 않았다. 노태우는 1990년대 초 중국·러시아와 수교를 맺었다. 1990년대 후반 한국이 외환위기에서 빠르게 회복한 것도 미국과의 동맹을 굳건히 하는 한편으로 급성장하는 중국 경제라는 호랑이 등에 올라탔기에 가능했다는 걸 윤석열은 몰랐다.

지금도 그런 국제역학 구도는 크게 바뀌지 않았다. 그는 미국이 주도하는 대중국 견제의 첨병을 자처하며 중국과 척지고, 러시아-우크라이나 전쟁에서 우크라이나에 무기를 우회 지원하면서 러시아와도 척졌다. 미국의 동맹

내지는 안보협력 국가인 일본·독일·인도 등이 중국·러시아와 실용적 외교를 이어가며 국익을 챙기는 것과는 너무나 대조적이다. 외교는 가능성의 예술이다. 그 가능성의 크기는 손에 쥔 카드의 숫자에 비례한다. 냉혹한 국제관계 속에서 다양한 카드를 활용해 입지를 넓혀가며 실리를 챙겨야 하는데 그는 정반대로 갔다. 윤석열 정권은 편향적 외교 노선을, 그것도 단 하나의 방향으로만 경주마처럼 질주함으로써 다른 선택지를 스스로 차단해버렸다.

캠프 데이비드 협정을 어긴
비상계엄 선포

비상계엄 선포 직후 윤석열이 보인 행태 역시 그가 대통령 자격이 없음을 방증한다. 그가 서명한 캠프 데이비드 협정의 취지에 따르면 '전시·사변, 또는 그에 준하는 사태'에서 선포되는 비상계엄에 관한 정보를 즉각 미국·일본 정상과 공유하고 협의해야 한다.

그러나 12월 3일 밤 외교부 장관과 대통령실은 미국 측의 전화를 받지 않았다. 비상계엄과 관련해 미국 고위 당국자들이 거의 내정간섭에 가까울 만치 강하게 비판하고 나선 데는 이런 사정이 작용했을 것이다. 윤석열은 그렇게 자랑하던 한미일 삼각 안보협력체의 허술함을 스스로 증명했다. 그는 또한 비상계엄의 근거로 든 부정선거 의혹에 이웃 나라 중국이 개입됐다는 터무니없는 음모론에도 손을 뻗었다. 제 이익을 위해 끝까지 국익을 훼손한 것이다.

2025년 1월 초 미국 정부는 한국을 핵 '민감국가'로 분류했다. 미국 에너지부 산하의 정보기구인 정보방첩국이 지정하고 관리하는 민감국가는 단계에 따라 '기타 지정 국가'(이스라엘·인도·파키스탄 등) '위험 국가'(중국·러시아 등) '테러지원 국가'(북한·시리아·이란 등)로 구분되는데 한국은 '기타 지정 국가'에 포함됐다. 한국이 여기에 포함된 것은 1990년대 초 이후 처음이다. 민감국가 지정 원인에 대해서는 의견이 분분하지만, 윤석열 정권이 2023년부터 언급해 온 한국의 자체 핵무장 가능성이나 12·3 비상계엄이 영향을 미쳤을 것이라는 게 국내외 언론의 진단이다.

미국 에너지부는 민감국가로 지정된 나라에 원자력을 비롯해 국가 안보와 관련한 기술을 공유하는 것을 제한할 수 있다. 인력 교류 및 공동 연구, 프로젝트 참여도 마찬가지다. 어느 때보다 첨단기술 경쟁이 치열한 시기에 난데없는 악재다. 윤석열은 한미동맹마저 지키지 못한 것이다.

극우
유튜브에
빠진

대통령

윤석열은 검사 시절부터 유튜브를 즐겨 봤다고 한다. 한국인의 50%가 하루에 2시간 이상 유튜브를 시청하는 시대에 그걸 갖고 뭐라 하긴 힘들다. 문제는 유튜브의 추천 알고리즘에 따라 자신도 모르게 편견을 갖게 될 수 있다는 점이다. 이른바 '필터 버블filter bubble'. 유튜브 같은 플랫폼의 추천 알고리즘filter은 이용자가 좋아할 만한 콘텐츠만 골라 제공하기 때문에 다양한 관점을 접하지 못한 채 편향된 생각, 즉 버블에 갇히는 현상을 일컫는다.[28] 다시 말해 극우 유튜브를 애독하면 극우적 사고에 매몰될 가능성이 커지는 것이다.

윤석열이 종북 반국가세력 같은 극단적 언사를 반복하고 홍범도 흉상 이전 같은 납득하기 어려운 정책을 추진할 때마다 여권에선 대통령이 극우 유튜브를 너무 많이 보는 것 아니냐는 얘기가 나돌았다. 하지만 공개적으로 문제를 제기하는 인사는 거의 없었다.

극우 유튜브는
윤석열 시대의 등용문

윤석열과 극우 유튜브의 관계를 제일 먼저 공개적으로 언급한 정치권 인사는 전 국회의장 김진표. 2024년 7월 국회의장 퇴임 두 달 뒤에 출간한 회고록《대한민국은 무엇을 축적해왔는가》에서 그는 이태원 참사와 관련해 윤석열이 '특정 세력에 의해 유도되고 조작된 사건일 가능성도 배제할 수 없다'는 취지로 말했다고 기록했다. 김진표는 "극우 유튜버의 방송에서 나오고 있는 음모론적인 말이 대통령의 입에서 술술 나온다는 것을 믿기가 힘들었다"고 밝혔다.[29]

12·3 비상계엄 이틀 뒤 개혁신당 국회의원 이준석은 페이스북에 윤석열과의 첫 만남을 회고하며 그가 극우 유튜브 중심으로 퍼지고 있던 부정선거 음모론을 진지하게 제기했다고 밝혔다. 그는 "저랑 아크로비스타에서 처음 만

난 날 '대표님 제가 검찰에 있을 때 인천지검 애들 보내가지고 선관위를 싹 털려고 했는데 못하고 나왔습니다'가 첫 대화 주제였던 사람이 윤석열 대통령"이라고 적었다.

이런 증언과 대통령 부부가 극우 유튜버들에게 보인 그간의 태도를 종합하면, 윤석열은 취임 초기부터 극우 유튜브의 영향을 많이 받은 걸로 보인다. 2022년 5월 10일 대통령 취임식에는 〈이봉규TV〉와 〈너알아TV〉*를 비롯해 극우 유튜브 채널 관계자로 추정되는 30여 명이 김건희 몫으로 초대됐다.[30] 퇴임한 전 대통령 문재인의 사저 앞에서 '평산마을 시위'를 주도한 극우 유튜버 안정권도 여기에 이름을 올렸다. 2022년 8월에는 당시 대통령실 시민사회 수석 강승규가 〈이봉규TV〉에 출연해 국정 현안을 설명하기도 했다.

윤석열 시대에 극우 유튜브는 대통령실과 공직으로 가는 등용문이었다. 극우정당 자유의새벽당 대표 출신인 강기훈은 대통령실 국정기획비서관실 선임행정관으로 발탁됐다. 대표적 '김건희 라인'으로 지목된 그는 박근혜 탄

---

*   목사 전광훈이 운영하던 기독교 우파 채널로 2024년 유튜브의 가이드라인 위반으로 폐쇄됐다.

핵 배후에 중국 공산당이 있다거나, 더불어민주당이 압승한 2020년 21대 총선이 부정선거라는 주장을 유튜브에서 펼친 바 있다.

2023년 7월 국가공무원인재개발원장에 임명된 김채환 역시 21대 총선 부정선거론을 설파한 인물이다. 유튜버로 활동하던 시절 그는 윤석열이 긴급명령을 발동해 헌정질서 파괴 세력을 해체해야 한다고 주장했다. 경제사회노동위원장과 고용노동부 장관에 기용된 김문수, 통일부 장관에 임명된 김영호도 과거 자신들의 유튜브 채널에서 극우적 발언을 일삼아온 인물들이다.

윤석열과 극우 유튜버의
순망치한

2025년 1월 15일 관저에서 체포되기 직전 윤석열이 국민의힘 의원들에게 유튜브를 권유한 장면은 인상적이다. 그는 관저를 찾은 의원들에게 "요즘 레거시 미디어는 너무 편향돼 있기 때문에 유튜브에서 잘 정리된 정보를 보라"고 조언했다고 한다.

이와 관련해 국민의힘 비대위원장 권영세의 발언에

주목할 만하다. 그는 2025년 2월 15일 관훈클럽 토론회에서 '유튜브에서 잘 정리된 정보를 보라'는 얘기를 그 전에도 들어봤는지 묻는 질문에 "소위 알고리즘에 의해 어떤 유튜브를 보면 그 관련된 유튜브와 같은 성향의 유튜브만 잔뜩 떠올라서 계속 거기에 갇히게 됩니다. 그래서 편향되게 만드는 부분이 있기 때문에 조심해야 한다는 걸 강조하고 실제로도 제가 대통령께도 몇 번 말씀드린 적이 있습니다"라고 말했다. 권영세는 비상계엄 이후에도 윤석열을 감싸면서 집권여당이 극우 세력에 포획되는 데 일조한 인물이지만, 유튜브와 레거시 미디어에 관한 그의 발언엔 경청할 대목이 있다.

가끔 (대통령과) 얘기할 때 유튜브 얘기 나오면 유튜브보다 신문이라든지 TV라든지 이런 걸 보는 게 중요하다. 특히 신문 같은 경우 요즘에 대부분 포털을 통해서 뉴스를 보지만, 물리적으로 신문을 보는 게 굉장히 중요하다고 봅니다. 신문에는 어느 걸(뉴스를) 비중을 크게 1면에 싣고, 2면에 싣고, 3면에 싣고 이런 부분들에 대해서 고민이 굉장히 많이 들어가는 것 아니겠습니까? 그런 부분을 통해서 언론의 흐름이라는 게 민심을 반영하는 것이니까, 그런 것에 대해

좀 더 제가 세게 얘기하고 언론과 접촉을 더 많이 하라고 채근하지 못했던 부분은 아쉽게 생각합니다.

초기의 유튜브와 소셜미디어는 활발한 소통과 토론을 통해 민주주의를 촉진하는 새로운 공간으로 기대를 모았다. 그러나 최근 몇 년간은 도리어 한국 사회의 이념 갈등을 격화하는 매개체로 기능한다는 비판을 받고 있다. 특히 12·3 비상계엄을 계기로 발호한 극우 유튜버들은 조회수를 높이기 위해 자극적이고 선동적인 콘텐츠를 양산했다. 가짜뉴스와 터무니없는 음모론도 서슴지 않았고, 폭력을 선동하기까지 했다.

극우 유튜버들은 이런 행보를 통해 후원금(슈퍼챗)을 챙긴다. 자극적이고 선동적인 발언으로 구독자를 모으고 큰돈까지 버는 셈이다. 물론 윤석열은 윤석열대로 지지층 결집을 위해 이들에게 힘을 실어준다. 윤석열과 극우 유튜버가 상부상조하면서 한국 사회를 둘로 갈라치기 하는 것이다.

매클루언의 통찰

전 세계적으로 극우 포퓰리즘이 득세를 하는 데는 유튜브와 소셜미디어가 큰 역할을 하고 있다. 포퓰리스트 정치인들은 코로나 팬데믹과 뒤이은 경기침체로 삶이 팍팍한 시민들에게 모든 게 엘리트 계층의 부패와 탐욕 탓이라며 불만과 증오, 혐오를 부추긴다. 이들의 주무대가 바로 유튜브와 소셜미디어다. 도널드 트럼프가 백악관을 차지하는 가는 길목 길목에도 그의 '트위터(현 엑스) 정치'가 적잖은 몫을 담당했다.

커뮤니케이션학자 마셜 매클루언은 일찍이 '미디어가 메시지다'라고 규정했다. 미디어가 전하는 내용보다는 미디어라는 매체의 물리적 형식이 중요하다는 의미다. 매클루언은 《미디어의 이해》(1960)에서 "전자 미디어 시대에 '미디어가 메시지다'라는 말이 의미하는 것은 완전히 새로운 환경이 창조되었다는 것이다"라며 "(미디어가) 도시, 정치, 인간관계의 근본을 흔든다"라고 설파했다. 예컨대 "인쇄가 16세기에 개인주의와 민족주의를 만들어냈다"라는 것이다.[31] 인쇄, 신문, 영화, 라디오, 텔레비전 등 미디어 기술이 새롭게 등장할 때마다 수용자들은 일종의 '감각 마비'상태에 빠져 적응하기까지 개인적·사회적 혼란이 발생한다는 얘기다.

매클루언이 이런 통찰을 제시한 것은 1960년대로, 서구 사회에서 텔레비전이라는 영상 매체가 등장해 정치·사회적으로 엄청난 파급력을 가질 때였다. 유튜브는 21세기의 텔레비전이다. 불과 10여 년 전까지만 해도 방송과 신문이 게이트키퍼로 기능하며 주요 사회 이슈에 대한 관점을 시민들에게 제공했지만, 오늘날엔 유튜브 등 뉴미디어의 영향력이 레거시 미디어를 압도하고 있다. 따라서 이들 뉴미디어가 초래하는 감각 마비와 사회적 혼란에 적극적으로 대처해야 한다.

신문·방송은 나름의 저널리즘 원칙에 따라 보도를 하는 반면, 유튜브는 사실상 미디어로 기능하면서도 거의 규제를 받지 않는다. 여러 요인이 복합적으로 작용한 결과이긴 하지만 커뮤니케이션학 관점에서 보자면, 윤석열 탄핵이 8년 전 박근혜 탄핵 때보다 훨씬 혼란스럽고 힘든 여정을 겪은 데는 유튜브라는 뉴미디어의 영향이 작지 않다. 그 해악을 적절히 제어하지 못한다면 또 다른 극우 포퓰리즘 정권을 만나게 될지도 모른다.

물론 12·3 비상계엄을 저지하는 데도 유튜브의 역할

은 지대했다. 계엄 선포 당일 밤 여러 유튜브 채널이 국회의 상황을 실시간으로 중계하면서 수많은 시민들이 모였고, 계엄군의 국회 봉쇄를 막아낼 수 있었다. 언론사《서울의소리》는 유튜브 채널을 통해 김건희와의 통화 녹취, 명품백 수수 사건 등을 폭로함으로써 레거시 미디어가 해내지 못한 권력 감시 역할을 해냈다. 이런 유튜브의 순기능을 살리되 부작용을 최소화하는 일에 나서야 할 때다. 극우 채널의 반사회적 선동·증오 영상은 계정 차단과 수익 몰수가 가능하도록 법제를 정비해야 한다. 그렇지 않으면 한국 저널리즘은 바닥으로의 질주 경쟁을 하고, 한국 민주주의는 언제든 다시 수렁에 빠질 것이다.

'좋아 빠르게 가' 버린 어느 독재자의 사회

경제·사회

3

2024년 2월 대전 카이스트 학위
수여식에서 대통령 경호원이 정부의
R&D 예산 삭감에 항의하는 졸업생의
입을 틀어막고 있다. 이날 윤석열은
"실패를 두려워하지 말고 과감하게
도전하라. 언제든 다시 일어설 수 있도록
제가 여러분의 손을 굳게 잡겠다"라는
축사를 남겼지만, 정부는 IMF 외환위기
때도 깎인 적 없는 R&D 예산을 대폭
삭감하는 무리수를 범했다. 이때도
명분은 '카르텔'이었다.

'선택할 자유'에 사로잡힌

감세·재정정책

젊은 시절 윤석열은 경제학자 밀턴 프리드먼의 《선택할 자유》(1980)를 감명 깊게 읽었다고 한다. 프리드먼은 신자유주의 경제학의 거두로 감세와 탈규제 등 1980년대 로널드 레이건 행정부와 마거릿 대처 내각의 보수적 경제정책에 큰 영향을 끼친 인물이다. 《선택할 자유》는 프리드먼이 정부의 개입을 줄이고 시장 자유를 확대하는 내용의 신자유주의 교리를 10회에 걸쳐 방영한 동명의 TV 시리즈를 책으로 묶은 것이다. 2019년 검찰총장 인사청문회에서 윤석열은 이 책이 자신의 가치관에 가장 큰 영향을 끼쳤다고 언급했다.

2021년 검찰총장 퇴임 직후 사석에서 만난 한 여권 원로도 윤석열이 이 책을 자주 거론했다고 기억했다. 대통령 취임사에서 시작해 임기 내내 입버릇처럼 말한 '자유' 가 괜히 나온 게 아님을 알 수 있는 일화다. 민주주의 사회에서 자유를 강조하는 건 좋은 일이다. 다만 자유라는 가치가 국민 생활에 지대한 영향을 미치는 정부의 정책에 반영되는 건 다른 차원의 이야기다. 과연 누구를 위한 자유인지 따져봐야 하는 이유다.

분별없는 감세의 대가

윤석열 정권이 2022년 7월 발표한 '부자 감세'와 그해 말몰아붙인 이른바 '노동개혁' 정책이 그렇다. 두 정책은《선택할 자유》에도 자세하게 소개돼 있다. 이 정책들이 애초취지대로 경제를 활성화하고, 노동자의 삶을 개선한다면그보다 더 좋은 일은 없을 것이다.

그러나 실제 감세 정책은 주로 대기업·자산가에 그혜택이 돌아가도록 설계돼 있었다. 감세가 일정 조건에서는 투자 유인으로 경제 활성화에 기여하지만 대내외 경제환경이 극도로 불안한 시기엔 투자의 마중물이 되기 어렵다. 기업가가 이익을 내기 어렵다고 판단하면 정부가 세금을 줄여준다 해도 투자를 할 이유가 없기 때문이다. 신자유주의가 본격적으로 득세하며 대규모 감세를 단행한 레이건-부시 행정부 시절의 미국은 물론이고, 이를 흉내 낸 한국의 이명박 정권에서도 감세 정책은 효과보다는 불평등을 심화하는 방향으로 작용했다.

고물가·고금리의 여파로 경기침체가 뻔히 예상되는 상황에선 재정 여력을 최대한 확보하고, 경기침체에 가장 먼저 그리고 가장 심하게 타격받는 서민층에 대한 지원을 늘리는 게 올바른 처방인데도 정부는 부자 감세를 밀어붙였다. 대선 공약을 이행해 지지층에 보답하려는 뜻도 있었을 것이다. 그러나 오판의 결과가 나타나는 데는 그리 오래 걸리지 않았다. 2023년 초부터 난방비가 폭등하고 공공요금이 들썩이며 서민층과 영세자영업자들이 아우성을 치는데도 정부 대책은 빈약했다. 재정이 부족한 탓이다. 2023년 2월 내놓은 민생 대책에선 은행과 통신사 등 민간 기업을 쥐어짜기에 바빴다. 보수 성향의 경제신문들마저 과도한 시장 개입을 우려했을 정도다.

윤석열 정권은 감세를 통한 경기활성화를 노렸으나 효과를 보기는커녕 재정만 축냈다. 2023~2024년 시행된 감세의 세수효과(5년 누적 기준)는 78조 원에 이른다. 5년간 그만큼의 세금이 줄어든다는 얘기다. 그 결과가 2년 연속 수십

조 원대의 '세수 펑크'다. 그것도 모자라 정부는 2024년 가을에도 19조5000억 원의 추가 감세안을 국회에 제출했다. 임기 3년간 '100조 짜리' 감세안을 내놓은 셈이다. 국회 심의 과정에서 야당 의원들은 감세 철회를 요구했으나 정부는 거부했다고 한다.

이렇듯 경기회복이 필요한 절체절명의 시기에 국회에는 '긴축 예산안'을 제출해놓고서, 윤석열은 2024년 11월 11일 임기 후반기 어젠더로 양극화 타개를 제시했다. 그는 이날 수석비서관회의에서 "임기 후반기에는 소득·교육 불균형 등 양극화를 타개하기 위한 전향적인 노력을 해야 한다"고 말했다. 물론 구체적 복안은 내놓지 않았다. 쓸 돈이 없는데 무슨 수로 양극화를 타개하겠다는 것일까? 이때 이미 만지작거리고 있었을 비상계엄 카드로? 그러나 모두가 알다시피 12·3 비상계엄으로 한국 경제는 근 십수 년래 최악의 수렁에 빠져들게 된다.

정의로운 검사 대통령
vs. 부패 카르텔

노동개혁은 사실상 반노조 정책이라 불러도 무방할 정도

였다. 이런 강경한 노조 때리기 정책이 왜 나왔는지 정확히 알 길은 없다. 다만 《선택할 자유》가 의사협회와 같은 고소득 전문직 이익집단의 사례를 들며 노조의 성격을 설명하는 데서 추론해볼 수는 있다. 현실을 극도로 추상화해 사고하는 경제학자들 가운덴 이렇듯 고소득을 올리는 의사와 날마다 생계를 걱정해야 하는 노동자를 똑같은 이익집단으로만 간주하는 경향이 있다.

노조를 지대추구 집단으로 보는 윤석열의 인식도 여기에 뿌리를 두고 있는 것으로 보인다. 윤석열은 건설노조에 조폭에 빗댄 '건폭'이라는 딱지까지 붙이며 강력한 단속을 천명했다. 마치 1980년대 '정의사회 구현'을 운운하며 사회정화 운동을 대대적으로 펼친 전두환 정권을 떠올리게 했다. 총칼로 정권을 탈취한 군인들이 집권 정당성을 얻고자 벌인 사회정화 운동과 비교하는 건 너무하다고 하겠지만, 본질에선 다를 게 없다. 무너져 내리는 민생을 추스를 역량이 없는 검찰 정권이 추락하는 지지율을 사수하기 위해 벌이는 칼춤이라는 점에서 말이다.

정계에 입문하던 시기부터 윤석열은 정치인의 언어 감각이라 보기 힘든 화법을 습관적으로 사용하곤 했다. 그는 기성 정치권을 향해 '거대한 부패 카르텔'이라며 날을

세웠다. 특히 문재인 정부가 '국민을 약탈하고 있다'고까지
했다. 과문한 탓인지 모르겠으나 유력 정치인의 입에서 그
런 말을 들은 건 그때가 처음이다. 아웃사이더 출신 정치지
도자가 기존 엘리트 집단을 부패 세력으로 매도하며 '민중
대 엘리트 집단' 프레임을 만들고 자신을 민중의 대변자로
내세우는 전형적인 포퓰리스트의 전략이다.

정부를 약탈자로 보는
대통령

윤석열은 2021년 6월 29일 대선 출마 선언문에서 이렇게
말했다. "정권과 이해관계로 얽힌 소수의 이권 카르텔은
권력을 사유화하고 책임의식과 윤리의식이 마비된 먹이
사슬을 구축하고 있다. (…) 이 정권은 권력 사유화에 그치
지 않고 집권을 연장해 계속 국민을 약탈하려 한다." 그해
11월 5일 국민의힘 대선후보 수락 연설에서도 약탈이라는
표현을 썼다. "문재인 정권의 소득주도성장과 부동산 폭등
은 '재산 약탈'입니다. 악성 포퓰리즘은 '세금 약탈'입니다.
1000조가 넘는 국가 채무는 '미래 약탈'입니다. (…) 국민
을 약탈하는 이권 카르텔을 두고 나라 경제 살릴 수 있겠

습니까." 연설의 마무리까지도 "부패와 약탈의 정치를 끝내겠다"라고 한 걸 봐서는 그냥 하는 소리가 아닌 듯했다.

국어사전은 약탈을 '폭력을 써서 남의 것을 억지로 빼앗음'이라고 정의한다. 과연 문재인 정부에 대해 이렇게까지 표현할 수 있을까? 처음엔 평생 검사로 살아오며 범죄자들을 준열하게 질타하는 공소장을 써오는 데 익숙한 사람이라 이런 화법을 쓰는 것인가 하는 생각이 들기도 했다. 그러나 윤석열 정권의 행보를 따라가면서 이런 말들이 단순히 레토릭이 아니라 윤석열이 세상을 바라보는 방식이라는 생각을 굳히게 됐다. 검사의 눈엔 모든 이가 범죄자 내지는 잠재적 범죄자로 보이는 있는 것이다.

정치학에서 '약탈국가'는 지배층이 주민들을 강압적으로 통치하면서, 질서 유지와 보호 서비스 제공을 명목으로 주민들을 갈취하는 국가를 말한다. 고대·중세 시대의 국가 형태다.[32] 물론 윤석열이 학술적 의미를 엄밀히 따져가며 이런 용어를 쓰진 않았을 것이다. 검사의 감각으로 권력의 약탈적 속성을 더 예민하게 감지해내는 걸 수도 있다.

그러나 '검사 윤석열'이 아닌 '대통령 윤석열'의 이같은 시각까지 관용할 수는 없다. 이런 인식이 정부 정책에까지 투영된다면 어떻게 될까? 세금을 비롯한 핵심 경제

정책을 국민을 '약탈'하려는 것으로 받아들이면 정부의 역할은 최대한 줄이는 게 답이라는 결론에 도달하게 된다. 자유지상주의자들이 주장하는 약탈국가론, 윤석열이 애독했다는 《선택할 자유》가 설파하는 게 바로 이런 주장이다. 시장은 자유방임 상태에서 가장 효율적으로 작동하는 만큼 정부의 개입은 최소화해야 한다는 것이다.

실제로 윤석열 정권이 해온 일이 늘 이런 식이었다. 세입과 예산 감축이 대표적 사례다. 국세 수입은 문재인 정권 말기인 2022년 396조 원에서 2024년 367조 원으로, 정부 예산은 같은 기간 680조 원에서 657조 원으로 줄었다. 2025년에도 윤석열 정권은 2022년 수준에 못 미치는 재정 운용계획안을 내놨다.

눈 떠보니
재정 후진국

정부의 크기와 관련한 국제 비교에서는 조세부담률이라는 지표가 활용된다. 국가의 힘은 재원으로 쓸 수 있는 세입의 규모에서 나오기 때문이다. 조세부담률은 세금 총액을 국내총생산GDP으로 나눈 값이다. 우리나라 조세부담률은

2015년 16.6%에서 매해 꾸준히 올라 2022년 22.1%를 기록했으나, 윤석열 정권 들어 꺾이기 시작해 2023년 19.0%, 2024년 17.7%로 낮아졌다. 경제협력개발기구 OECD 38개국 평균은 비교 가능한 최신 데이터로 2021년 25.2%다. OECD 평균에 견줘도 한참 낮은 수준이다.

세금은 근대 국가의 형성과 발전에 결정적 역할을 했다. 16~18세기 세금을 효과적으로 거두는 데 성공한 국가일수록 부국강병에 성공했고, 20세기 이후 복지국가의 토대 역시 세금이다. 최근 몇 년 새 반도체·인공지능 AI 등 첨단기술 패권을 놓고 '국가 대항전'이 벌어지고 있는데, 그 핵심은 보조금을 어느 나라가 많이 주느냐다. 세입 기반이 약한 나라는 밀릴 수밖에 없다. 윤석열 정권은 '부자 감세'에 열중하느라 2년 연속 수십조 원의 세수 결손 사태를 빚으며 그 기반을 훼손했다. 이런 재정 상태로는 급증하는 복지 수요는 물론이고 기술패권 경쟁에서도 힘을 쓸 수가 없다. 윤석열의 철 지난 신자유주의 철학 탓이다. 그의 재임 기간 한국은 '재정 후진국'으로 퇴보했다.

R&D 예산 삭감,

대통령의 한마디에 잘려나간 과학강국의 미래

2023년 6월 28일 용산 대통령실에서는 대통령 주재 국가 재정전략회의가 열렸다. 정부 살림살이의 골격을 짜는 중요한 회의다. 다음해 예산뿐만 아니라 향후 5년간 재정운용의 큰 방향이 여기서 결정된다. 집권세력이 국가를 어떻게 운영해 나갈 것인지 숫자로 보여준다는 점에서 관심이 집중되는 자리이기도 하다.

그런데 회의가 끝난 뒤 대통령실 대변인이 취재진에게 배포한 서면 브리핑의 한 대목이 주목을 끌었다. 대통령이 "나눠먹기식, 갈라먹기식 R&D는 제로베이스에서 재검토할 필요가 있다. (…) R&D 국제협력은 세계적 수준의 공동연구를 대폭 확대할 필요가 있다"라고 강조했다는 내용이었다. R&D(연구개발) 예산이 1960년대 이후 처음 대폭 삭감되는 초유의 사건은 여기서 시작됐다.

경제개발의 근간이 되는 과학기술 발전을 위해 연구개발 예산은 언제나 얼마나 더 늘릴 수 있느냐의 문제였지, 삭감은 고려 대상이 아니었다. 무엇보다 분배를 중시하는 진보 정권도 아니고, 경제성장을 최우선으로 삼는 보수 정권에서 이런 결정을 내렸다는 소식에 과학기술계는 물론이고 보수 진영조차 당혹감을 감추지 못했다.

과학기술 분야에 들이댄
검사의 잣대

실제로 정부는 2024년도 연구개발 예산을 전년보다 16.6%나 삭감하는 내용이 포함된 예산안을 2023년 가을 국회에 제출했다. 이 예산안은 과학기술계의 저항과 야당의 반발, 여당의 동조로 국회 심의 과정에서 소폭 늘어나긴 했지만 결국 전년도 예산보다 13% 축소된 채 통과했다.

연구개발 예산 삭감은 윤석열이 과학기술 분야까지도 검사의 사고방식으로 접근해 벌어진 참사다. 한국의 연구개발 예산 편성·집행에 문제가 없는 건 아니다. 한정된 예산을 핵심 사업에 집중하지 못하고 여러 사업에 분산하는 게 대표적인 문제로 지적돼왔다. 예산을 효율적으로 집행하지 못한다는 뜻이다. 예산 편성권을 가진 관료들은 특정 사업에 예산을 몰아줬다가 실패할 경우 책임 추궁을 피하기 위해 이런 식으로 조금씩 배분하는 경향이 있다. 물론 여기에 예산을 확보하려는 연구기관의 로비가 개입할 가능성도 존재한다. 검사 출신인 윤석열은 여기에 문제의식을 가진 것으로 보인다.

그렇다고 해서 단칼에 예산을 대폭 삭감해서는 안 될 일이다. 실태를 파악한 뒤 문제가 되는 건들은 개선하면 될 터였다. 실제로 연구개발 투입과 성과와 관련한 문제는 그렇게 간단하지가 않다. 'R&D 역설'이라는 말이 있다. 한국의 GDP 대비 연구개발 예산 비율이 4%가 넘어 이스라엘과 세계 1, 2위를 다투는데 특허 등 연구 성과는 그보다 못하다는 지적이다. 하지만 객관적으로 들여다보면 나쁘다고 볼 수 없다.

세계지식재산권기구WIPO가 매년 내놓는 '글로벌 혁신지수'를 보면, 2024년에 한국은 세계 133개국 중 종합 6위를 차지했다. 세부영역별로 보면, 연구개발 분야는 세계 1위였다.[33] 기술경제학, 경제추격론 등에서 세계적 업적을 남긴 경제학자 이근은 2025년 3월 한국의 혁신 역량을 묻는 내게 이렇게 말했다. "한국 자체의 문제가 있지만, 유럽이나 일본 등 다른 나라들과 상대평가를 해보면 한국형 R&D가 그래도 우수하다고 말할 수 있다."**34**

빈대 잡자고
집을 태운 정권

과학기술 연구개발은 모험성이 강한 영역이다. 어떤 연구에서 어떤 혁신이 나올지는 누구도 미리 알기 어렵다. 그럼에도 대통령의 한마디에 관료들은 성과가 부족한 것으로 집계된 하위 20% 사업의 예산을 싹둑 잘라버리는 식으로 접근했다. 2024년 들어 1만2000개 가까운 과학기술·정보통신기술ICT 연구과제 연구비가 삭감됐고, 이 가운데 96개 과제는 그간 투입된 수백억 원의 연구개발비를 매몰 처리하며 중단된 것으로 드러났다.

국회예산정책처가 2024년 7월에 발표한 〈2023회계연도 과학기술정보방송통신위원회 결산 분석〉 보고서는 연구개발 사업비 감액으로 △다수의 과제 중단 및 매몰 비용 우려 △연구개발 목표 성과 미달 △급격한 대규모 예산 삭감으로 인한 연구현장 혼란이 발생했다고 지적한다. 국회예산정책처는 "연구비 감액으로 인해 과학기술정보통신부 소관 R&D 계속과제 중에서 다수의 중단 과제가 발생했다. 이는 2023년까지 해당 과제에 투입된 R&D 재원이 매몰 비용으로 전락하는 결과를 초래했다. 재정의 효과성 측면에서 적절하지 못한 것으로 판단된다"라고 밝혔다. 덧붙여 대통령 발언 이후 갑작스럽게 이뤄진 대규모 예산 삭감 과정에 대해서도 "과학기술정보통신부가 후속 조치를 준비했으나, 급격한 삭감으로 인한 연구 현장의 혼란을 막기에는 역부족이었던 것으로 보인다. 대다수 조정대상 과제의 성과가 하향 평준화될 우려가 있다"라고 지적했다.[35]

　　인공지능 연구개발에 필수적인 장비 확보에도 경고등이 울렸다. 전 세계적으로 인공지능 개발 경쟁이 가열되며 연구에 필수적인 엔비디아의 그래픽처리장치GPU는 가격이 천정부지로 뛰었고, 그나마도 품귀 현상이 벌어졌다. 이런 판국에 정부출연연구기관의 GPU 확보가 2024년에 352건으로 전년의 3분의 1 수준으로 감소한 것은 당연한 일이었다.[36]

　　이 시기에 중국의 한 스타트업은 적은 자본으로 미국 빅테크에 버금가는 성능의 인공지능 추론 모델 '딥시크'를 개발하는 데 성공했다. 열심히 지원해줘도 모자랄 판에 정부의 헛발질로 인공지능 개발 경쟁에서 뒤처진 셈이다. 앞서 국가재정전략회의에서도 예의 '카르텔 척결' 발언이 나왔다는 보도가 있었다. 그러나 윤석열이 휘두른 칼에 맞은 것은 (실체 여부도 불분명한) 카르텔이 아니라 국가의 성장동력이다.

연구개발 예산 삭감 사건은 윤석열 정권의 왜곡된 의사결정 구조를 상징적으로 보여준다. 대통령의 결정에 문제가 있어도 이를 제어하기 힘든 상황이 반복된 것이다. 관료들이 내부에서 어느 정도 반대했는지는 알기 어려우나 결과적으로 대통령의 잘못된 결정은 그대로 시행됐다.

보다 못한 한국과학기술원KAIST 학생이 문제제기에 나섰다. 2024년 2월 16일 대전 카이스트에서 열린 학위 수여식에서 이 학생은 윤석열이 "실패를 두려워하지 말고 과감하게 도전하라. 언제든 다시 일어설 수 있도록 제가 여러분의 손을 굳게 잡겠다"라며 축사를 하는 도중에 "R&D 예산 복원하십시오"라고 외쳤다. 그러자 대통령 경호원이 그의 입을 손으로 막으며 제지했다. 학생이 저항하자 경호원 여럿이 달라붙어 팔다리를 붙들고 행사장 밖으로 끌고 나갔다.

문제의 학생은 이날 카이스트 대학원을 졸업한 녹색

정의당 대전시당 대변인 신민기다. 대통령실은 "법과 규정, 경호 원칙에 따른 불가피한 조치였다"라고 해명했으나 이는 군사정권 시절에도 보지 못한 과잉경호였다. 2024년 1월 전북특별자치도 출범식 현장에서 윤석열에게 국정기조 전환을 요구하다 비슷한 방식으로 끌려 나간 진보당 국회의원 강성희에 이어 두 번째 '입틀막' 사례였다. 당시 경호처장은 12·3 비상계엄의 행동대장으로 나선 김용현이다. 윤석열 정권 핵심부의 독재적 통치 스타일을 상징적으로 보여주는 장면이다.

민주주의와
경제발전의 관계

정부 관료들은 행여 대통령 눈 밖에 날까 무서워 잘못된 지시에도 '안 된다'라고 말하지 못했다. 과거 정부에선 상상하기 힘든 정책 왜곡이 거리낌 없이 벌어지는데도 관료들은 맞장구만 쳤다. 이런 권위주의적·비민주적 통치 방식이 경제에 미치는 악영향은 2024년 노벨경제학상 공동 수상자들의 연구결과에 잘 드러나 있다.

다론 아제모을루, 제임스 A. 로빈슨, 사이먼 존슨 등

3인의 학자는 공동 연구를 통해 사회제도와 경제성장의 연관성을 규명했다. 고대부터 현대까지 동서양 국가들의 흥망성쇠를 방대하게 연구한 결과는 민주주의가 경제성장에 중요한 역할을 담당한다는 것이다. 반대로 부와 권력을 소수가 점유하거나 사회 내에서 힘의 균형이 무너진 나라는 쇠퇴의 길을 걸었다. 이들은 한국의 급속한 경제성장 과정을 논거로 들면서 더욱 주목을 끌었는데, 그 연구에 윤석열 정권이 포함됐다면 어떤 변화가 있었을지 궁금한 대목이다.

다론 아제모을루 등의 연구를 대중에게 알린 첫 저서는《국가는 왜 실패하는가》(2012)이다. 이 책의 요점은 포용적 정치·경제 제도를 채택한 나라는 더 많은 국민이 경제활동에 참여해 재능과 혁신이 선순환하며 부를 일구는 반면, 소수 기득권 세력이 권력과 부를 독차지하는 착취적 정치·경제 제도를 채택한 나라일수록 대다수 국민이 재능을 발휘할 인센티브가 사라져 가난에 빠진다는 것이다. 포용적 정치제도는 국가 권력의 자의적 행사를 제한하고 사회 전반에 고루 권력을 배분하는 체제를, 포용적 경제 제도는 사유재산권·법치·공정경쟁을 보장하는 것을 말한다.[37] 얄궂게도 윤석열이 자신의 '인생 책'의 하나로 추천하기도

한 이 저작은 사실 개발도상국을 위한 '신국부론'이다.

오늘날의 한국을 비롯한 주요 국가가 직면한 과제들은 두 번째 저작인 《좁은 회랑》(2020)에서 논의된다. 책의 요지는 국가가 강력한 중앙집권화를 통해 제 역할을 해야 하지만, 독재로 변질되지 않도록 사회가 견제·감시해야 경제도 지속적 성장을 이룬다는 것이다. 저자들은 국가 권력을 사회가 견제하는 것을 구약성서에 나오는 거대한 바다 괴물 '리바이어던'에 족쇄를 채우는 일로 비유한다.[38] 한국의 현실에서 리바이어던은 (권력을 자의적으로 행사하는) 제왕적 대통령, 족쇄를 채우는 이는 입법부·사법부·언론·시민사회 등에 비유할 수 있을 것이다.

다론 아제모을루 등은 불평등 악화와 일자리 감소, 경제력 집중 등에 직면한 현대 국가들이 정치적 분열과 비타협적 태도로 해결책을 찾지 못하고 있다고 지적한다. 그래서 포퓰리스트가 득세하는 국가가 늘고 있다는 것이다. 저자들은 그 사례로 도널드 트럼프의 미국을 비롯해 프랑스(마린 르펜), 튀르키예(레제프 타이이프 에르도안), 헝가리(오르반 빅토르), 필리핀(로드리고 두테르테) 등을 거론한다.[39] 이 책의 개정판에는 한국(윤석열 정권)의 사례도 포함되어야 할 것이다.

윤석열 정권 시기 대통령의 자의적 통치는 그의 아내를 제외한 그 누구도 견제하지 못했다. 여당은 물론이고, 검찰·감사원·국민권익위원회·국가인권위원회 등 중립적·독립적이어야 할 기관들은 정권 보위부대로 기능했다. 언론은 명예훼손 소송으로 재갈을 물렸고, 야당에는 무시로 일관했다. 한국의 리바이어던은 족쇄를 걷어차버린 것이다. 사이먼 존슨은 노벨상 수상 당시 하버드대 학생들과의 대화에서 "강한 (민주주의) 제도를 구축하는 데는 오랜 시간이 걸리지만 그걸 넘어뜨리는 데는 오래 걸리지 않는다"라고 경고했다.[40]

금투세
폐지,

1979년
이전으로
돌아간
주식시장

"주식양도세 폐지"

2022년 1월 27일 국민의힘 대선후보 윤석열은 페이스북에 이런 일곱 자 공약을 내걸었다. 그는 한 달 전 2023년부터 신설되는 금융투자소득세(금투세) 도입에 맞춰 증권거래세를 폐지하겠다고 공약했는데, 이를 완전히 뒤집은 것이다.[*] 주식시장을 활성화하고 개인투자자들을 보호

---

[*] 주식양도(소득)세는 주식거래로 얻은 이익에 부과하는 세금, 증권거래세는 주식을 사고팔 때마다 수수료처럼 발생하는 세금이다. 금융투자소득세는 대주주에게만 부과되어온 주식양도세와 별개로 주식거래로 연간 5000만 원 이상의 소득을 거둔 투자자에게 부과되는 세금으로 2023년부터 도입 예정이었다. 2022년 당시 윤석열의 '주식양도세 폐지' 공약은 대주주에게 부과되던 기존 주식양도세는 물론 신설되는 금투세를 부과하지 않겠다는 의미였다.

한다는 명분은 핑계였다. 대선을 코앞에 두고 2030 청년 세대의 표심을 노린 전형적 포퓰리즘 공약이다.

주식양도(소득)세는 보유 지분율이 코스피 종목 기준 1%(코스닥은 2%) 이상이거나 종목별 보유 총액이 10억 원 이상인 대주주에게만 20~30% 세율로 부과되고 있었다. 정부는 세제 선진화 차원에서 2023년부터 개인투자자나 대주주 구분 없이 연 5000만 원 이상의 양도 차익을 얻을 경우 20~25%의 금융투자소득세를 부과하고 증권거래세 는 인하할 예정이었다. 그런데 윤석열 후보는 이를 전면 폐 지하겠다고 한 것이다. 이렇게 되면 주식양도세를 내고 있 는 대주주들도 세금을 내지 않게 된다.

금융의 정치화

주식양도세는 삼성그룹 오너들의 상속 문제 때문에 도입 된 제도였다. 심상정 정의당 후보가 21대 대선후보 토론회 에서 정확히 밝혔듯 "이재용 삼성전자 부회장의 변칙 상 속에서 비롯"된 세금이다. 이재용은 1990년대 초반 아버 지로부터 60억 원가량을 증여받아 증여세 16억 원을 납부 한 뒤 나머지 돈으로 당시 비상장 계열사였던 에스원과 삼성엔지니어링 등의 주식을 사들였다. 몇 해 뒤 이들 회사가 상장되며 발생한 600여 억 원의 차익은 삼성그룹 경영권 승계의 종잣돈이 되었다. 당시에는 주식양도세가 도입돼 있지 않았던 터라 이 부회장은 증권거래세 0.3%만 냈을 뿐 양도세는 한 푼도 내지 않았다.

이에 정부와 국회가 부랴부랴 법을 개정해 1999년부터 대주주에게 주식양도세를 부과하도록 한 것이다. 이런 역사를 가진 주식양도세를 폐지하면 20여 년의 시간을 거슬러 대주주에 대한 혜택과 기업의 변칙 승계가 부활하게 된다.

시대착오적인 주식양도세 폐지 공약에 야당이 반발했지만 대통령이 된 윤석열은 폐지를 밀어붙인다. 우선 금투세 도입을 2년 유예하고, 대주주에 대한 주식양도세는 부과 기준을 완화했다. 2024년부터 대주주 기준을 종목별 보유 총액 10억 원 이상에서 50억 원 이상으로 상향 조정한다는 내용이다. 10억~50억 원 사이를 보유한 대주주는 주식양도세를 내지 않게 되는 셈이다.

이 정책을 도입한 배경은 알려지지 않았으나 수혜자에 김건희 같은 주식 부자들이 들어가는 것은 분명했다. 예탁결제원 자료에 따르면, 2023년 말 기준 종목당 주식 보유액 10억 이상 대주주 수는 1만3368명이다. 이 가운데 종목당 주식 보유액이 10억~50억 원인 대주주는 9207명에 달했다. 기준이 완화하면서 기존 과세대상자의 68.9%가 세금을 내지 않게 된 것이다.

2024년 1월 새해 벽두부터 증권시장을 찾은 윤석열은 기어이 금투세 폐지를 공식화했다. 그는 "구태의연한 '부자 감세' 논란을 넘어 국민과 투자자, 우리 증시의 장기적 상생을 위해 내년 도입 예정이었던 금융투자소득세 폐지를 추진하겠다. (…) 제 임기 중에 글로벌 스탠더드에 맞지 않는 자본시장 규제는 과감하게 혁파해서 글로벌 증시 수준으로 코리아 디스카운트를 해소할 것"이라고 말했다.

그러나 금투세는 윤석열 주장과 달리 글로벌 스탠더드에 맞춰 제도를 개편해 나가는 과정의 산물이다. 금융감독원 부원장을 지낸 명지대 경영학과 교수 원승연은 이런 행태를 '금융의 정치화'로 설명한다.

금융의 정치화는 금융을 정치적 목적을 위해 활용하는 걸 말한다. 지지도 상승을 위해 주가를 높이기 위한 여러 시도가 대표적이다. 공매도 금지나 금융투자소득세 폐지 추진도 그런 일환이다. 각종 시혜적 정책금융도 여기에 포함된다. 포퓰리즘의 대두로 해석할 수 있다. 주가가 오르는 데 반대할 사람은 없다. 그런데 주가는 궁극적으로 기업 실적에 의해 좌우된다. 따라서 정부의 역할은 기업의 성장을 위한 정책을 추진하고, 기업이 이익을 주주에게 제대로 환원하도록 공정한 시장 제도를 마련하는 것이다. 하지만 시장과 조세제도의 기본을 훼손하면서 정부가 주가 상승에 노력함을 보여주려고 한다. 이런 정치화는 경제 문제를 오도하려는 것이고, 무책임의 발로다.[41]

금융투자소득세의
진실

금투세는 주식·펀드 등 금융투자로 얻은 차익이 연 5000만 원 이상일 때, 초과 액수에 22~27.5% 세율로 부과되도록 설계됐다. 손실과 이익을 합산해 순이익이 5000만 원을 넘어야 과세 대상이 되는 만큼 손실을 봐도 세금을 내는 증권거래세 제도보다 훨씬 합리적이다. 또한 지금은 주식·채권·파생상품의 양도차익에 비과세가 많은 데다가 동일한 자산에 대한 투자라도 금융상품에 따라 세금이 제각각인 문제가 있는데, 이를 단일화한 것도 장점이다. 또 하나

중요한 점은 개미(소액 투자자)들은 과세 대상이 아니고, 대략 5억 원 이상 주식을 보유한 상위 1% 큰손(고액 자산가, 약 14만 명)에게만 해당하는 세금이라는 점이다.

금투세 폐지론자들은 금투세를 시행하면 큰손들이 세금을 피해 외국 시장으로 이탈할 것이라고 주장했다. '금투세로 주식시장이 붕괴해 개미들도 피해를 본다'는 주장은 여기에서 비롯된다. 그럴듯해 보이지만 상당한 논리 비약이 있다. 첫째, 큰손들 중에는 경영권 유지를 위해 주식을 계속 보유해야 하는 대주주들이 많다. 삼성전자 회장 이재용 같은 이들이다.

둘째, 주가는 결국 기업 실적에 좌우되고 세금은 부차적인 요소다. 세금이 있어도 수익을 낼 것 같으면 투자를 한다는 얘기다. 셋째, 주식거래에서 상당한 비중을 차지하는 기관·연기금·외국인은 금투세와 상관이 없어 안전판 구실을 할 수 있다.

넷째, 한국 주식시장은 시가총액 기준 세계 12위 거래소(2024년 8월 세계거래소연맹 집계)로 성장한 데다가 아무리 저평가됐다고 해도 어느 영역보다 효율적으로 작동한다. 기업 실적, 실물경제, 환율, 외국 증시 등 주요 변수들이 거의 실시간으로 주가에 반영된다. 일부 큰손들이 이탈해

주가가 급락하면 저가 매수 기회로 삼을 투자자들도 많을 것이다.

금투세는 주식시장의 투명·건전성을 제고하는 데도 도움이 된다. 김건희가 연루된 도이치모터스 주가조작 사건을 보면, 내가 증시 소식을 담당하던 20여 년 전과 비교해 투자 환경이 얼마나 개선되었는지 의문이다. 금투세를 시행하면 개인별 소득자료가 국세청에도 통보되는 만큼 범죄 예방 효과를 낼 수 있다.[*]

[*] 물론 개선할 부분도 있다. 첫째는 장기 투자 유인책이 없다는 점이다. 미국처럼 1년 이상 장기 투자자들에겐 낮은 세율을 적용함으로써 단기 중심의 투자 문화를 개선할 수 있다. 이는 투자자의 해외 이탈을 막는 효과를 낸다. 둘째, 손익통산 이월 기간 5년은 짧은 편이다. 폭락장 여파로 손실을 크게 볼 경우 5년 안에 만회하기는 쉽지 않을 수 있는 만큼 10년 이상으로 늘릴 필요가 있다. 셋째, 반기별 원천징수 제도는 투자 이익의 재투자를 통한 '복리 효과'(이자에 이자가 붙는 방식)를 줄인다. 투자자들은 수익률 0.1%에도 민감하므로 연 1회 신고 방식으로 바꿀 필요가 있다. 이런 정도만 개선해도 투자자들의 불만과 우려를 크게 녹일 수 있었다.

세계 어디에도 없는
세금 없는 주식시장

그러나 정부 여당과 금융권 일각의 '공포 마케팅'에 결국 야당도 손을 들고 말았다. 2024년 11월 4일 민주당 대표 이재명은 정부 여당이 밀어붙여온 금투세 폐지에 동의하겠다고 밝혔다. 이로써 2020년 국회를 통과한 금투세는 시행 한 달여를 앞두고 폐기되고 말았다. 소득 있는 곳에 세금 있다는 조세 원칙에 어긋날 뿐 아니라, 올바른 정책도 전략적 이해에 따라 쉽게 뒤집어진다는 점에서 정부와 정치권의 신뢰를 심각하게 훼손한 사례다.

이재명은 "이 문제를 유예하거나 개선 시행을 하겠다고 하면 끊임없이 정쟁 수단이 될 것 같다"라는 이유를 들었다. 기존처럼 시행을 미루는 방식으로는 대선에서 또 발목이 잡힐 것을 염려하는 듯한 발언이다. 그러나 정치란 이해관계자들을 설득하고 조정해 합의를 도출하는 과정이다. 선거에 불리할 것 같으니 아예 제도를 없애겠다는 발상은 국회 과반 의석을 차지한 정당에 걸맞지 않는다.

한국의 주식세제는 1979년부터 증권거래세만 물리다, 1999년 대주주의 주식양도차익 과세를 시작으로 단계적으로 대상을 확대해왔다. 100억 원 이상 투자자부터 시작해 50억, 20억, 10억 이후 금투세 도입까지 이른 것이다. 윤석열이 금투세 폐지를 들고 나오면서 25년 이상 발전해 온 제도가 엉망이 돼버렸다. 거대야당인 민주당은 이를 제어하지 못했다.

정부는 금투세 도입을 전제로 계획된 증권거래세 인하·폐지도 되돌릴 수 없다고 했는데 황당한 얘기다. 금투세를 폐지한다면 최소한 증권거래세는 원상 복귀시켜야 한다. 그렇지 않으면 증권거래세(코스피 기준)도 없고, 극소수 대주주를 제외하면 자본이득세도 없는, 어느 나라에서도 찾아볼 수 없는 시장이 된다. 고액 자산가의 주식양도세는 종목당 50억 원 이상 보유자로 확대했던 2013년 이전으로 후퇴하고, 증권거래세까지 인하(0.15%)된다면 증권거래세가 처음 도입(0.30%)된 1979년 이전으로 되돌아가는 것이다. 검사 정권이 들어서 아닌 밤중에 홍두깨 격으로 제동을 걸면서 한국 주식시장은 조세정의와 글로벌 스탠더드에 역행하고 말았다.

이태원
참사,

아무도
책임지지 않는
나라

2022년 10월 29일 용산 대통령실에서 불과 1.5km 떨어진 곳에서 벌어진 이태원 참사는 국가의 부재를 참혹하게 드러낸 사건이다. 인파가 몰리는 행사에 앞서 관계 당국이 안전관리 대책을 세우는 건 기본 중의 기본이지만 그 어느 부처도 제 역할을 다하지 않았다. 시민들은 참사 발생 4시간 전부터 다급하게 위기 신호를 보냈으나, 이에 신속히 반응하는 조직도 없었고 위기관리 시스템도 작동하지 않았다. 경찰·지자체 책임자들은 아예 자리에 없었다. 이들을 독려하고 조정해야 할 컨트롤타워인 대통령실 국정상황실과 행정안전부 중앙재난안전대책본부의 존재 또한 보이지 않았다.

그런데도 컨트롤타워 책임자들은 내 책임이 아니라

거나(대통령실 비서실장 김대기) 보고를 못 받았다고(행정안전부 장관 이상민) 변명하며 책임 떠넘기기에 급급했다. 대통령제 국가에서 국정상황실이 위기관리의 컨트롤타워라는 걸 모르는 이가 없는데, 이를 책임지는 비서실장이 자기 일이 아니라고 하니 기가 막힐 뿐이다. 이상민은 행안부에 경찰국을 신설한 장본인이면서도 경찰 지휘·감독 권한이 없다고 뻔뻔하게 발뺌하기까지 했다.

몰염치한 장관,
감싸는 대통령

이런 이들이 그런 자리를 차지하고 있었으니 참사는 언젠가 일어날 일이었는지도 모른다. 대형 참사 후 정부 책임론이 불거지면 최소한 담당 부처 장관이 책임을 지고 물러나야 한다. 과거 정부에서라면 행정안전부 장관과 경찰청장이 물러나고, 총리까지도 거취를 고민했을 일이다. 그런데 윤석열 정권에서는 그 누구도 책임지는 모습을 보이지 않았다.

　　행정안전부 장관 이상민은 오히려 책임을 회피하는 발언만 했다. 그는 이태원 참사 이튿날인 10월 30일 정부

서울청사에서 열린 긴급현안 브리핑에서 "특별히 우려할 정도로 많은 인파가 모였던 것은 아니"라며 "경찰이나 소방 인력이 미리 배치함으로써 해결될 수 있었던 문제는 아니었던 것으로 파악한다"라고 말했다. 또 "어제 잘 알다시피 서울 시내 곳곳에 여러 가지 소요와 시위가 있었기 때문에 이런 곳으로 경찰·경비 병력이 분산됐던 측면이 있다. (…) 경찰 경비 병력의 상당수는 (집회가 열린) 광화문 이쪽으로 배치가 돼 있었다"라고 말했다.

이상민은 시민들의 집회와 시위를 '소요'라고 표현했다. 1970~1980년대 내무부 장관이나 치안본부장이나 썼을 법한 단어다. 판사 출신 행정안전부 장관의 인식 수준이 국민 위에 군림하던 군사독재정권 시절에서 한 치도 벗어나지 못했다는 걸 상징적으로 보여주는 발언이었다. 국민의 생명과 안전을 최우선한다는 의미에서 부처명도 행정안전부로 바꿨는데, 정작 그 수장은 40~50년 전의 과거를 살고 있었다.

대통령은 그런 장관을 두둔하기 바빴다. 이상민이 윤석열의 충암고-서울대 법대 후배이기 때문 아니냐는 의구심이 들 수밖에 없었다. 윤석열은 참사 9일 뒤인 11월 7일 국가안전시스템 점검회의에서 이렇게 말했다. "엄연히 책임이라고 하는 것은 있는 사람한테 딱딱 물어야 하는 것이지, 그냥 막연하게 다 책임져라, 그것은 현대사회에서 있을 수 없는 이야기다."

나라가 엉망인데 관료들은
태평성대

〈눈 떠보니 후진국〉이라는 제목의 칼럼을 처음 쓴 게 바로이 시점이었다. 이태원에서 벌어진 참혹한 일뿐만 아니라 대한민국의 구석구석에서 후진국에서나 볼 법한 퇴보 징후가 드러나고 있었기 때문이다.

경제 분야에서도 관료들이 늑장 대처하는 사례가 반복되면서 금융시장 불안을 가중시키고 있었다. 강원도지사 김진태가 촉발한 레고랜드발 채권시장 경색을 정부는한 달 가까이 방치했다. 금융관료들도 이 사안을 알고 있었으나 누구도 선뜻 나서지 않았다. 자금경색이 확산하고 나서야 허겁지겁 '55조+알파' 유동성 공급대책을 내놨다.

그해 11월 초엔 흥국생명이 신종자본증권의 조기상환(콜옵션) 연기를 발표해 채권시장을 다시 불안에 빠뜨렸다. 금융당국은 이 사실을 사전에 파악했으면서도 조치를 취하지 않았다. 금융시장이 살얼음판을 걸을 때는 작은 불씨가 순식간에 큰불로 번질 수 있다는 걸 몰랐다는 말일까. 이번에도 정부의 늑장 대처가 불안을 키웠다. 그런데도 아무런 책임이 없다는 몰염치가 난무했다.

당시 나는 공직사회에 만연해 있는 무사안일과 복지부동 분위기를 이렇게 지적했다.

지금 공직사회는 나사가 풀려도 한참 풀려 있다. 나라는 엉망인데 관료들은 태평성대라는 말까지 나올 지경이다. 중대 사안이 벌어질 위험이 농후한데도 누구도 나서려 하지 않는다. 그러니 외교 참사에 이어 사회, 경제 분야에서 잇따라 큰 사건들이 발생하는 것이다. 이는 현 집권 세력의 국정 수행능력이 근본적인 한계에 봉착했음을 방증한다. 권부 핵심을 차지한 검찰 엘리트들은 국정운영 경험조차 없고, 이들이 하위 파트너로 손을 잡은 모피아를 비롯한 행정 관료들은 권력 핵심부 눈치 보기에 급급하며 제 역할을 하지 않고 있다.

이런 현상의 가장 큰 원인은 리더십 부재였다.

어쩌다가 국가 시스템이 이렇게 갑자기 엉망이 되고 국격 추락까지 걱정해야 하는 상황이 됐을까. 가장 큰 원인은 리더십에 있다. 어느 조직이나 리더는 우선순위를 선택해 방향을 제시하고 그 결과에 책임을 지는 것이다. 리더가 만사에 솔선수범하고 민감한 사안에 대해서는 자신이 최종 책임을 지겠다고 하며 힘을 실어주고 독려를 해야 조직이 굴러가는 법이다.

거대한 관료 조직은 이런 리더십이 더더욱 필요한 곳이다. 윤석열 대통령처럼 자신의 책임을 인정하지 않고 이너서클에 있는 이들을 보호하면서 책임을 하부에 떠넘기면 관료들은 충성도 하지 않을 뿐더러 복지부동에 빠진다. 혹시나 불똥이 튀지 않을까 눈치를 보며 자기 보신에만 신경을 쓰게 되는 것이다. 이태원 참사 관련해서도 대통령이 먼저 국정 최고책임자로서 책임을 통감하고 국민들께 공식 사과를 한 뒤에, 공직자들을 엄중히 꾸짖었어야 했다.

두번째는 관료집단의 문제다. 과거 개발연대에는 관료가 유능한 집단으로 인정받았으나 지금은 결코 그렇지 않다. 이미 지배계급화되어 있어 서민층의 눈높이에서 세상을 바라보지 않는다. 국민과의 공감 능력을 보여주지 못한 한덕수 국무총리, 김대기 비서실장, 이상민 장관 등 엘리트 관료 출신들의 행태에서 잘 드러난다.

윤석열은 언론의 이런 비판은 그냥 귓등으로 흘려보냈다. 정치 경험이 없는 지도자라면 실패의 경험들에서 교훈을 찾고 잘못을 바로잡아 나가야 하는데 그는 그렇게 하지 않았다. 그의 독선은 바뀌지 않았다. 참사라고 불릴 만한 사건·사고가 계속 이어진 것은 이미 예고된 일이었는지 모른다.

과거 청와대에서 근무한 한 여권 인사는 2025년 초 내게 이렇게 말했다. "윤석열 정권의 대부분 문제는 대통령의 리더십 부재 때문에 발생한 것이다. 뭔가 문제가 있어도 아래에서 제대로 바른 소리를 못하는 구조다. 부산엑스포 유치 실패도 그런 사례. 외국에선 한국이 다들 안 된다고 했는데 한국만 모를 리가 있었을까. 대통령에게 직보를 못하기 때문에 빚어진 것이다."

'리더는 리더를 닮는다'는 말이 있다. 최고 권력자의 행동 패턴을 아래서도 따라 한다는 것이다. 아마도 최고 권력자에게 서로 잘 보이려고 하는 심리가 작용하기 때문일 것이다. 윤석열 정권의 대통령실 고위 관계자나 장관급 인사들이 그런 경우였다. 대통령의 단점을 보완해줄 수 있는 쓴소리 캐릭터는 거기에 없었다. 트럼프 1기 행정부에서 이른바 '어른들의 축'이 초보 정치인 트럼프의 일탈 행위를 여러 차례 막았던 것과 대조된다.

1987년 군사독재가 종식되고, 10년 뒤 첫 정권교체가 이뤄지자 이제 절차적 민주주의는 어느 정도 완성됐고, 실질적 민주주의로의 진전을 이룩해야 한다는 공감대가 형성됐다. 그러나 윤석열 정권을 거치며 이것이 섣부른 진단임이 극적으로 드러났다. 준비되지 않은 이들이 권력을 잡을 때 민주주의가 송두리째 위기에 처한다는 걸 보여줬다. 그리고 그 밑에서 관료들은 안온하게 자신만의 자유를 만끽했다.

격노는
어떻게
국가를

망가뜨리는가

2023년 7월 19일 경북 예천군에서 집중호우가 발생했다. 인명 구조를 위해 인근에 있던 해병대가 급히 파견됐다. 해병대원들이 강가에서 一자 형태로 대형을 갖춰 수색하던 장면은 방송으로도 전해졌다. 그런데 실종자를 수색하던 채아무개 상병이 급류에 휩쓸려 숨지고 말았다. 채 상병은 구명조끼 등 제대로 된 안전장비조차도 착용하지 않은 채 구조 현장에 투입된 것으로 드러났다. 곧바로 해병대 수사단이 채 상병 사망 사건에 대한 조사에 착수했다.

문제는 7월 31일 해병대 수사단이 조사 결과를 경찰에 이첩하는 과정에서 불거졌다. 해병대 수사단장 박정훈 대령(이하 박 대령)은 해병대 1사단장 임성근을 포함한 8명에 대해 업무상 과실치사 혐의를 적용해 경찰에 이첩했는데, 그 과정에서 국방부가 이첩을 보류하기 위해 수사기록 회수에 나섰기 때문이다. 국방부 검찰단은 박 대령이 이첩 보류 지시를 거부했다며 항명 혐의로 수사에 나섰다.

사망 책임자 처벌에서
수사 책임자 처벌로

그러자 박 대령은 8월 11일 수사 외압 의혹을 폭로했다. 이후 박 대령에 대한 수사 외압은 '대통령의 격노'에서 비롯됐다는 의혹까지 제기되며 임기 중반기를 향해 가던 윤석열 정권의 최대 아킬레스건으로 부상한다. 이 사건은 다른 사안들에 대한 윤석열의 대응처럼 악수에 악수를 거듭하며 정권 몰락의 또 다른 뇌관이 됐다.

야당의 반발과 언론의 경쟁적 취재가 이어지던 2024년 3월, 윤석열은 수사 외압의 당사자로 지목된 후 사임한 전 국방부 장관 이종섭을 난데없이 호주 대사로 임명했다. 그러자 사건을 은폐하기 위해 대통령이 이종섭을 외국으로 도피시킨 것 아니냐는 의혹으로 여론이 들끓기 시작했다. 이른바 '런종섭' 사건은 그다음 달 총선에서 정권의 참패를 부른 최대 악재 중 하나가 되고 말았다.

수사 외압 의혹 사건의 핵심에는 이른바 'VIP 격노설'이 있다. 2023년 7월 31일 대통령실 국가안보실 회의에서 대통령이 "이런 일로 사단장까지 처벌하게 되면 대한민국에서 누가 사단장을 할 수 있겠느냐"라며 화를 냈고, 그 직후 대통령실과 국방부 장관 등이 움직여 경찰 이첩이 보류되고 사건 재검토로 이어졌다는 의혹을 말한다.

박 대령 쪽이 수사 대비를 위해 만든 문건에는 "(김계환 해병대) 사령관에게 전해들은 바, 7월 31일 오전 대통령 주관 대통령실 회의 시 안보실 국방보좌관(비서관)이 '해병대 1사단 익사사고 조사결과 사단장 등 8명을 업무상과실치사 혐의로 경찰에 이첩 예정이다'라고 보고하자 대통령이 격노하면서 바로 국방부 장관 연결"을 하라고 했다는 내용이 담겼다.

《한겨레》 보도에 따르면 당시 국가안보실 회의 참석자는 그해 8월 지인에게 대통령이 이 문제로 역정을 낸 사실이 있다고 밝혔다.[42] '격노설'이 아니라 실제 격노가 있었다는 얘기다. 실제로 윤석열의 격노를 기점으로 이 사건 처리는 모든 게 뒤바뀐다. 채 상병을 사망에 이르게 한 책임자 처벌보다 이 사건의 수사 책임자를 항명죄로 다스리는 쪽으로 방향을 튼 것이다. 윤석열의 수사 개입은 직권

남용에 해당할 수 있는 사안이다. 군사법원은 2025년 1월 9일 박 대령의 항명 혐의에 무죄를 선고했다. 하지만 현직 대통령이던 윤석열의 위법 여부까지 판단하지는 않았다. 그의 직권남용 여부는 공수처가 수사를 통해 밝혀야 할 부분이다.

이해할 수 없는 결정마다 등장하는
대통령의 격노

주목해야 할 것은 윤석열이 당시 왜 격노를 했느냐, 그리고 더 나아가 최고 권력자의 격노가 국가의 주요한 의사결정 시스템을 어떻게 망가뜨렸냐는 것이다. 이것이 윤석열 정권에서 벌어진 여러 참사에서 반복되는 패턴 중 하나이기 때문이다.

윤석열이 이 사건에 격노한 이유는 두 가지로 추정해 볼 수 있다. 첫째는 그의 성격, 성정이다. 그는 검사 시절부터 잘못됐다고 생각하는 사안에는 불같이 화를 내는 것으로 유명했다. 검사 때야 그런 성격이 불의를 보고 참지 못하는 '정의의 검사'로 이름을 떨치는 데 도움이 될 수 있다.

그러나 대통령의 불같은 성격은 경우가 다르다. 국정

최고 책임자가 다루는 사안은 대부분 이해관계가 첨예하게 갈리며 사려 깊은 판단이 요구된다. 그러나 격노하며 닦달하는 대통령 앞에선 측근들도 직언할 엄두를 내지 못한다. 그렇지 않아도 복지부동 성향이 강한 관료들은 아예 움직이지 않게 된다. 괜히 눈 밖에 나고 싶지 않아서다. 사실을 사실대로 얘기하지 못하면 대통령의 잘못된 판단도 바로잡지 못하게 된다.

두 번째는 이 사건에서도 어른거리는 김건희의 그림자다. 해병대 1사단장 임성근을 피의자에서 제외하려는 구명 로비 의혹이 제기되었는데, 여기에 도이치모터스 주가조작 사건으로 유죄 판결을 받은 기업인 이종호가 등장한다. 김건희와 이종호는 서로 아는 사이로 알려져 있다.

박 대령의 변호인인 김규현이 수사 외압 의혹이 폭로되기 전인 2023년 8월 9일 이종호 전 대표와 했던 통화의 녹취록을 공수처에 제출했는데, 여기에 이런 대목이 나온다. "임 사단장이 사표를 낸다고 ○○이(경호처 간부)가 전화 왔더라고. 내가 절대 사표 내지 마라, 내가 VIP한테 얘기를 하겠다." 이를 놓고 대통령 부부에게 구명 로비를 한 것 아니냐는 의혹이 커졌다. 이종호는 'VIP는 김계환 사령관'이라고 해명했지만, 누구나 알 듯 공직사회에서 VIP는 대통령을 지칭한다.

대통령의 격노가 사건을 엉뚱한 방향으로 몰고 가거나 국정을 왜곡한 사례는 이뿐만 아니다. 보도가 되지 않았을 뿐 정치권이나 공직사회에선 여러 얘기가 돌았다. 일부 경우는 공개 석상에서도 논란이 됐다. 대표적인 사례가 과학기술 연구개발 예산 삭감과 관련한 일화다. 2023년 10월 국회 과학기술정보통신방송위원회 국정감사에 참석한 과학기술정보통신부 장관 이종호는 문제의 재정전략회의에서 대통령에게 '거친 말'을 들었는지를 묻는 질문에 시인도 부인도 하지 않아 주목을 끌었다.

민주당 의원 민형배는 이종호에게 "어떻게 저런 말을 쓸 수가 있지 싶을 만큼 거친 언어로 장관을 비난했다고 하는 얘기가 지금 과학기술계에 파다하다"며 그런 사실이 "있었느냐 없었느냐"라고 물었다. 이종호는 "재정전략회의에서 여러 가지 의견들을 제가 잘 경청을 했다"라고 둘러댄다. 이에 민형배가 다시 "거칠었던 건 사실이냐"라며 재차 물었지만, 이종호는 "의원님이 그렇게 생각하는 것은 제가 뭐라고 할 수 없는 부분"이라고만 답했다. 긍정도 부정도 하지 않은 것이다.

12·3 비상계엄 때도 윤석열이 군 사령관에게 화를

냈다는 증언이 나왔다. 당시 수방사령관 이진우는 비상계엄 선포 당일 밤 대통령과의 통화 내용을 군검찰에 털어놨다. 그는 두 번째 통화에서 "화를 내시면서 '4명씩 들어가면 1명씩은 데리고 나올 수 있지 않냐'고 해서 제가 놀라 '네네'하고 끊었다. (…) 마지막에는 '문을 부수고라도 데리고 나와라'고 하셔서 제가 대답을 못하고 그냥 끊었다"라고 진술했다.

이진우는 또 "제 생각에는 (대통령이) 수방사령관한테 말했다기보다는, 그냥 화를 내셨던 것 같다. (…) 반말 같지는 않은데, 그냥 큰 소리를 지르셨다"라고 되짚었다. 그는 "제가 계엄 해제 때부터 잘 기억이 안 났다. 왜 기억이 잘 안 났지 생각해보니 윤 대통령의 전화를 받고부터 기억이 잘 안 났던 것 같다"라며 비상계엄 당시 윤석열과의 통화가 상당한 충격으로 남았다는 취지로 진술했다.[43]

보수마저 등을 돌리다

윤석열의 불같은 성격은 검사 윤석열을 승승장구로 이끌었지만 집권 이후 대통령 윤석열의 몰락을 자초했다. 무엇보다 법과 절차에 따라 처리할 일을 최고 권력자가 부적절하게 개입함으로써 법치를 가로막았다. 박정훈 대령은 2024년 6월 21일 '채 상병 특검법' 국회 입법청문회에서 이렇게 말했다.

> 절차대로, 법대로, 규정대로 진행되면 될 일입니다. 한 사람의 격노로 인해서 이 모든 것이 꼬이고, 모든 것이 엉망진창이 되고, 지금 현재 수많은 사람이 범죄자가 되었습니다.

가슴을 후벼 파는 명쾌한 지적이다. 검사 출신 대통령의 법치 무시는 '같이 살고 같이 죽는다'는 믿음으로 생사고락을 함께해온 해병대 조직마저도 어지럽히고 말았다.

윤석열의 불같은 성격은 또한 국가의 의사결정 체계를 크게 왜곡시켰다. 직언을 막는 조직 문화에서는 충성맨, 예스맨들만 살아남게 된다. 이로 인한 소통 단절은 주요 사안에 대한 판단을 흐릴뿐더러 대통령의 잘못된 결정을 누구도 막을 수 없게 만든다. 채 상병 순직 사건 수사 외압과 연구개발 예산 삭감 외에도 부산 엑스포 유치 실패, 일방적 의과대학 정원 확대 추진, 앞서 언급한 포퓰리즘적 금융정책 등이 그런 사례들이다. 이런 일이 반복되며 전통적인 보수 지지층마저도 윤석열 정권에 등을 돌렸다. 2024년 4월 총선에서 여당이 참패한 데는 정부의 밀어붙이기식 의대 증원이 한몫했다는 말이 괜히 나온 게 아니다. 12·3 비상 계엄 이후 열린 윤석열 탄핵 찬성 집회마다 '해병대 예비역 연대'라는 깃발 아래 세대별로 다양한 디자인의 해병대 전투복을 갖춰 입고 참석한 이들을 만날 수 있었다. 보수적 성향이 강하기로 이름 난 해병대 예비역들마저 보수 대통령에게서 학을 떼고 만 것이다.

불통의 숫자 2000,

의대 정원 확대 논란

2024년 2월 6일 국무회의에서 윤석열은 "국민 건강과 생명을 지키기 위해 의사 인력 확대는 더 이상 늦출 수 없는 시대적 과제"라고 언급한다. 의과대학 정원 확대를 둘러싼 기나긴 의·정 갈등의 시작을 알리는 선언이었다. 오후에는 보건복지부 장관 조규홍이 2000명이라는 구체적인 증원 규모까지 발표했다. 그간 보건복지부 내부에서 검토해온 증원안은 500여 명이었는데, 4배나 증가한 것이다. 2024학년도 의대 정원은 3058명이다. 무려 65.4% 늘어난 정원을 당장 그해 입시부터 반영하겠다고 했다. 경천동지할 만한 뉴스였다.

20년 가까이 3000명에 맞춰진 교육 시스템에서 하루아침에 2000명이나 늘리는 게 가능한 목표일까. 더구나 의

사단체는 한국에서 가장 강력한 이익집단 아니던가. 그들을 상대로 이를 관철시킬 수 있을지도 의문이었다. 속된 말로 무식하거나 용감한 정책이었다. 전임 문재인 정권에서도 의대 증원을 추진했지만, 전공의를 주축으로 한 의사단체가 집단 휴진으로 맞서고, 설상가상으로 코로나19 팬데믹으로 의료진 수요가 급증하면서 좌초된 바 있었다.

의사 인력 확충이 시급하다는 데는 국민적 공감대가 형성돼 있다. 특히 지역의료와 필수의료 서비스가 턱없이 부족한 상태가 오랫동안 방치돼왔다. 의대 정원이 2006학년도 이후 19년째 3058명으로 동결된 상태였기 때문이다. 윤석열로선 이런 국민 여론을 등에 업고 '의사 카르텔'과의 전쟁에 나선 것이다. 물론 김건희에 대한 비판을 잠재우고 관심을 돌리려는 속셈도 있었을 법하다. 또한 총선을 앞두고 수십 년 묵은 난제를 정면 돌파하는 모습을 보이겠다는 노림수도 작용했을 것이다. 실제로 발표 직후 여론조사에서 정부의 의대 증원 계획은 압도적 지지를 받았다.

국정운영은
산수가 아니다

관건은 실행력이다. 처음엔 뭔가 복안이 있으리라 기대했
다. 사전에 의사단체 쪽과 협의를 진행했거나, 이후 진행
될 협상에서 모종의 수를 낼 줄 알았다. 2000명이란 예상
밖의 증원 규모를 협상 카드로 삼아 양보를 이끌어내지
않을까 하는 전망도 있었다. 보건복지부의 애초 검토안이
500명 안팎이었으니 협상 과정에서 숫자를 줄여나가며 주
고받기를 할 거라는 전망도 나왔다. 그러나 모두 희망사항
일 뿐이었다. 한마디로 타협의 여지는 전혀 없었다. 윤석
열은 2000명에서 요지부동이었고, 의대 증원 이슈는 어느
새 총선의 호재가 아니라 악재로 돌변하고 있었다.

마음이 다급했던 여당이 증원 규모를 줄일 것을 강
력하게 요구했다. 선거를 9일 앞둔 4월 1일, 여당의 요구
를 수용한 듯 윤석열은 기자회견에 나섰다. 그러나 그는 무
려 50분간 일장연설을 늘어놓는다. 2000명이란 숫자에 대
해 그는 "정부가 꼼꼼하게 계산해 산출한 최소한의 증원
규모"이며 의료계와 충분한 논의를 거쳤다고 강조했다. 의
료계의 반발에 대해서는 "집단행동이 아니라 확실한 과학

적 근거를 가지고 통일된 안을 정부에 제시해야 마땅하다"
라고 일축했다.

점진적 증원이라는 타협책도 거부했다. 윤석열은 "꼭
2000명을 고집할 이유가 있냐, 점진적 증원을 하면 되지
않느냐고 묻는 분도 계십니다. 애초에 점진적인 증원이 가
능했다면, 어째서 지난 27년 동안 어떤 정부도, 단 한 명의
증원도 하지 못한 것인지 되묻고 싶습니다. 단계적으로 의
대 정원을 늘리려면, 마지막에는 초반보다 훨씬 큰 규모로
늘려야 하기 때문에, 지금과 같은 갈등을 매년 겪을 수밖에
없습니다."

과거 어떤 대통령도 못한 일을 나는 해낼 수 있다는
자기 확신, 자기 임기 내에 모든 걸 끝내놓겠다는 영웅 심
리. 윤석열의 사고방식을 상징적으로 보여주는 기자회견
이다.

그는 2035년까지 1만5000명의 의사가 필요하며,
의사 육성에 필요한 최소한의 기간이 6년임을 감안하면
2025년도부터 2000명씩 증원해야 최소한의 수급을 맞출
수 있다고 했다. 2031년부터 2000명씩의 의사가 추가 배
출되기에 5년간 1만 명을 추가 공급할 수 있다는 계산이
다. 숫자만 보면 그럴듯하다.

그러나 국정운영은 산수가 아니다. 이해관계자의 동의를 구하는 것은 민주사회의 의사결정에서 필수적인 절차다. 충분한 설득 과정을 거쳐 최소한 과반수 이상의 동의를 얻어낸 뒤 추진해야 한다. 그래야 무리 없이 실행이 가능하다.

또한 사람은 의료 분야에만 필요한 게 아니다. 매년 이공계에서 배출할 수 있는 인력에도 한계가 있다. 우수한 이공계 인력들이 의대에 몰리는 현상은 수십 년째 지속돼 왔다. 제한된 인력이 의대에 대거 몰리면 그만큼 과학기술계 지원 인력이 줄어들 수밖에 없다. 가뜩이나 첨단기술을 두고 국가 대항전이 벌어지는 기술패권 시대다. 윤석열은 국정을 큰 틀에서 바라보지 못했다. 특정 분야에 자원을 쏟아 붓고, 그것도 자기 손으로 모든 걸 마무리한다는 과도한 자기 확신에 취해 있었다.

2000명 고집에 죽어나간
3000명의 환자

윤석열은 왜 그렇게까지 2000명을 고집한 걸까? 정치공학으로는 설명이 안 된다. 의대 증원 계획이 총선의 악재로 돌변한 상황에서도 한 걸음도 물러설 기미를 보이지 않았기 때문이다. 결국 여기서도 윤석열의 독특한 성격과 성정에 주목할 수밖에 없다. 그는 검사 시절부터 수사 외압이나 좌천, 징계에 맞서 비타협적인 태도를 견지했고 끝끝내 검찰의 우두머리, 그리고 대한민국의 국가수반 자리에 올랐다. 그런 성공의 경험이 내면 깊숙이 각인돼 있을 것이다. 대통령이 된 뒤에도 그는 대부분 사안을 밀어붙이기로 일관했다. 그날 연설에서도 윤석열은 자신의 성공 사례(?)를 줄줄이 나열했다. 화물연대 파업, 한일관계, 원전 사업… 하나같이 노조와 시민사회, 야당의 반대에 아랑곳없이 일방적으로 결정하고 추진한 것들이다.

의대 증원이라는 목표는 대다수 국민이 동의하는 사안이지만, 수십 년간 답보하던 사안을 일거에 해결하겠다는 것은 무모했다. 목표도 무모하지만, 그 방식도 무모했다. 그는 모든 수단을 동원했다. 근무지 이탈 의사에게 개별적으로 업무개시명령을 내렸다. 면허정지 행정처분 카드를 내보이며 전공의들의 복귀를 겁박하기도 했다. 한편으로는 "제가 대통령으로서, 앞으로 수많은 국민의 생명을 구하고 또 수많은 국민의 건강을 지켜낼 여러분을 제재하거나 처벌하고 싶겠습니까?"라며 읍소 전략까지 선보였다. 그러면서도 정권 퇴진 운운하는 의사들의 집단행동에 대해선 국민을 위협하는 것이라며 몰아세웠다. "정치라는 것이 무엇입니까? 정치란 바로 우리 국민의 문제를 해결하는 것입니다. 국민을 불안하고 불편하게 만드는 구조적인 문제를 잘 알면서도, 이해집단의 저항에 굴복한다면 정치가 존재하지 않는 것입니다. 정상적인 국가라고 할 수 없습니다."

틀린 말은 아니다. 그동안 수많은 환자들이 고통받은 걸 생각하면 더더욱 그렇다. 그렇다고 해서 아무런 수습 방안도 없이 해를 넘기도록 상황을 방치한 것은 결국 정부의 책임이다. 의·정 갈등이 한 치의 양보 없이 이어지는 동안 애먼 환자들만 고통을 받았다. 몇 개월 새 초과 사망자가 3000명을 넘어섰다는 추계가 나올 정도였다. 수술 지연 등에 따른 간접적 피해도 어마어마했다.

그렇게 아무 진전 없이 대치를 이어가던 의대 정원 이슈는 엉뚱하게도 12·3 비상계엄 당시 계엄사령부의 〈포고령〉에서 다시 등장했다. "전공의를 비롯하여 파업 중이거나 의료현장을 이탈한 모든 의료인은 48시간 내 본업에 복귀하여 충실히 근무하고 위반시는 계엄법에 의해 처단한다."

당사자인 전공의뿐만 아니라 전 국민이 경악할 내용

이다. 대명천지에 어떻게 정부 정책에 협조하지 않는다는 이유로 의사들을 처단한단 말인가. 결국 윤석열은 의·정 갈등도 친위 쿠데타를 통한 독재권력으로 해결하겠다고 마음먹은 것으로 보인다. 친위 쿠데타를 벌인 진짜 동기는 여전히 베일에 가려있지만, '전공의 처단'이라는 살벌한 위협은 *그가* 이 사안에 얼마나 집착하고 있었는지를 짐작케 한다.

마키아벨리즘, 나르시시즘, 잠재적 사이코패스

의대 증원 문제에서 드러난 독선·독단은 윤석열의 국정운영에서 반복적으로 나타난 패턴이다. 이해관계자와의 충분한 숙의 과정 없이 일방적으로 결정하고, 그게 옳다는 신념 아래 수단과 방법을 가리지 않고 밀어붙이는 식이다. 파열음이 터져도 타협은 없고, 주변의 조언도 경청하지 않는다. 자신의 결정에 과도한 확신을 갖고, 이를 따르지 않거나 반대하면 불같이 화를 낸다. 그런 식으로 정권은 파국으로 치달았다.

사람의 성격에는 '어둠의 3요소'가 있다고 한다. 심리학에 나오는 개념으로 마키아벨리즘, 잠재적 나르시시즘, 잠재적 사이코패스 성향을 말한다. 마키아벨리즘은 목적이 수단을 정당화한다는 것으로, 거짓말·음모·타인에 대한 도덕적 무관심 등의 성격이 두드러진다. 나르시시즘은 자기 자신과 사랑에 빠져 파멸에 이른 그리스 신화의 등장인물 나르키소스의 성격에서 유래한 개념으로, 오만·자아도취·과장 등으로 나타난다. 사이코패스 성향은 공감 능력의 결여와 충동·무분별함·조작·공격성 등의 모습으로 발현된다. 분노 감정도 사이코패스 성향 사람에게서 높게 나타난다.

독재자의 심리를 연구해온 브라이언 클라스는《권력의 심리학》(2022)에서 이렇게 말한다. "대부분 사람은 이런 특징이 해가 되지 않을 정도로 아주 조금씩만 가지고 있다. 한 사람에게 세 가지 요소가 극단적인 수준으로 응축돼 있을 때 문제가 된다."[44] 일반인이 이런 성향을 가지면 주변 사람들이 힘들지만, 최고 권력자가 이런 성향을 가지면 국가가 망가진다.

Back To The

1980

12 · 3 비상계엄

4

윤석열이 비상계엄을 선포한 2024년
12월 3일 밤 육군 특수전사령부
소속 군인들이 헬기에서 내려 여의도
국회의사당으로 침투하고 있다. 계엄군의
국회 봉쇄 시도는 1980년 전두환
신군부의 5·17 비상계엄 전국확대 이후
45년 만의 일이다.

내란의
밤

윤석열은 2024년 12월 3일 심야에 느닷없이 비상계엄을 선포해 시민들의 땀과 눈물, 피로 일궈온 한국 민주주의에 조종을 울리려 했다. 역사의 수레바퀴를 1980년 신군부 세력이 비상계엄을 선포했던 45년 전으로 되돌리려 한 것이다.

헬기를 타고 온 계엄군이 국회의사당을 봉쇄했다. 총검을 찬 계엄군이 창문을 깨고 국회 본관에 난입하는 건 상상조차 하기 힘든 일이었다. 영화 〈서울의 봄〉에서나 봄직한 장면을 목도한 시민들은 불안에 떨면서도 하나둘 국회 앞으로 모여들었다. 수천 명의 시민들은 이렇게 외쳤다. "윤석열을 체포하라!" "오늘이 임기 마지막 날이다!" 국회는 계엄 선포 2시간 33분 만에 계엄해제 결의안을 통과시켰다. 한국 민주주의의 성벽은 굳건했다.

　　윤석열은 왕이 되려 했다. 2년 반의 대통령 놀이로는 모자랐는지 끝끝내 왕좌에 등극하고자 했다. '이번 기회에 다 잡아들여 싹 다 정리한' 뒤 왕 놀이를 하려 했다. 그러지 않고서는 어떻게 국회의장과 제1·2야당 대표, 집권여당 대표, 그리고 전 대법원장과 전 대법관을 잡아가두려고 했겠는가. 민주주의는 입법·행정·사법부 삼권분립으로 견제와 균형이 이뤄져야 작동하는 정치체제다. 행정부 수장이 입법·사법부까지 장악하면 민주주의는 그날로 끝장나는 것이다.

　　그것도 모자라 눈엣가시 같은 존재인 시민사회 인사들까지 체포 대상에 올렸다. 정적을 제거하고 저항하는 세력에는 재갈을 물림으로써 희대의 공포정치를 하겠다는 의미였다. 왕이라는 표현이 과하다면, 박정희처럼 철권 통치자가 되어 종신 대통령이 되려 했는가. 12·3 비상계엄 선포는 그가 존경한다는 박정희를 흉내 낸 제2의 유신이었는가.

당신들이
반국가세력이다

대선후보라는 이가 손바닥에 王자를 새기고 텔레비전 토론에 나왔을 때부터 알아봤어야 했다. 그가 연설마다 '반국가 세력' '종북세력'을 자꾸 노래 부르는 이유를 알아봤어야 했다. '충암파' 측근들을 국방부 장관, 국군방첩사령관 등 군 요직에 앉힐 때도 설마 했다. 그러나 그들은 벌써부터 비상계엄을 착착 준비하고 있었다. 국회가 특검으로 자신과 아내를 죄어오자 전시·사변 등 국가비상 사태가 아니면 쓸 수 없는 극약 처방을 꺼낸 것이었다.

  그러나 그들이 내세운 명분은 하등의 근거가 없었고, 얼마나 급했던지 최소한의 절차조차도 지키지 못했다. 계엄사령부에서 내놓은 〈포고령〉은 한술 더 떴다. "국회와 지방의회, 정당의 활동과 정치적 결사, 집회, 시위 등 일체의 정치활동을 금한다." 헌법과 법률 그 어느 조항에도 이런 권한을 대통령에게 부여하지 않았다. 대한민국 법령은 이런 행위를 '내란죄'라 부른다. 반국가세력은 윤석열과 친위 쿠데타를 도모한 측근들이었다!

  한국 민주주의는 윤석열과 충암파 군인 몇몇이 강탈

할 만큼 유약하지 않다. 용감한 건지 무식한 건지 그들은 몰라도 한참 몰랐다. 박정희 강권 통치와 전두환·노태우의 군홧발에도 굴하지 않던 시민과 학생들이다. 독재자들은 측근의 총탄에 맞거나 법정에서 모두 단죄를 받았다.

윤석열도 그런 독재자의 길을 가려 했다. 그러나 민주주의가 승리한 경험을 축적해온 시민과 야당은 권력자의 협박에 굴하지 않았다. 12월 3일 밤 국회 직원과 보좌관들은 국회 본관에서 사무집기 등으로 바리케이드를 치고 소화기를 뿌리며 계엄군의 본회의장 진입을 저지했다. 시민들은 국회 앞 도로에서 맨몸으로 계엄군 장갑차를 막아섰다. 독재자의 길을 가려던 윤석열과 친위 쿠데타 세력은 세상이 바뀐 걸 몰라도 너무 몰랐다.

검·경, 공수처의 수사와 언론의 추적 보도로 비상계엄 사태의 진상이 만천하에 드러나기 시작했다. 요체는 대통령이 군과 정보부대를 동원해 정적을 제거하고 야당과 저항세력을 파괴해 독재정권을 세우려는 공작이었다. 국가정보원 1차장 홍장원의 말처럼 "만화 같은" 얘기다. 이 사건은 그야말로 초현실적이다. 계엄령이 선포된 '서울의 밤'은 타임머신을 타고 쿠데타로 점철된 1960~1970년대 남미로 돌아간 것 같았다. 대통령이 미치지 않고서는 행할 수 없는 정말 만화 같은 이야기다.

　친위 쿠데타의 방식과 내용 모두에서 그렇다. 최정예 특수부대 요원들을 국회로 보내 유리창을 깨고 본회의장에 진입했다. 국회의원들을 다 끌어내라는 대통령과 국방부 장관의 지시까지 떨어졌다. 천만다행으로 군 지휘관들이 지시를 거부해 사태가 극단으로 치닫지는 않았지만, 제정신을 가진 이라면 이런 무모한 일을 생각이나 할 수 있겠는가. 그런데 대통령은 일선 지휘관들에게까지 전화를 걸어 병력의 이동 상황까지 체크했다. 친위 쿠데타의 설계는 물론 총지휘까지 한 셈이다.

　윤석열이 비상계엄을 통해 하려 했던 일도 황당하다. 선거관리위원회의 부정선거 의혹을 조사하겠다는 것이었다. 김용현은 계엄 실패 직후 언론 인터뷰에서 선관위에 경찰과 군 병력을 투입한 이유에 대해 "많은 국민들이 부정선거에 대해 의혹을 갖고 있어 이 의혹을 해소하기 위해 필요한 조치를 한 것"이라고 밝혔다. 극우 유튜버들의 주장을 그대로 믿고 실행했다는 건데, 이미 법원과 경찰 조사에서도 객관적 근거가 없는 루머로 판명된 사안이다. 선관위 확보에 성공했다면 검사 시절 자신의 장기인 먼지털이식 수사와 별건 수사로 부정선거 음모론을 마치 사실인 것처럼 포장해 비상계엄의 정당성을 강변하려 했던 것으로 보인다.

스스로 물러나는
독재자는 없다

윤석열은 비상계엄 4일 만인 12월 7일 마지못해 사과문을 읽었다. "이번 비상계엄 선포는 국정 최종 책임자인 대통령으로서의 절박함에서 비롯되었습니다. 하지만 그 과정에서 국민들께 불안과 불편을 끼쳐 드렸습니다. 매우 송구스럽게 생각하며, 많이 놀라셨을 국민 여러분께 진심으로 사과드립니다." 이게 가당키나 한 말인가. 이런 궤변으로 국민의 분노를 잠재울 수 있다고 생각했는가. 국민들은 그날 밤 두려움과 공포에 몸을 떨었다. 정당의 정치활동을 금지하고 언론에 재갈을 물리고 집회를 금지하려 했다. 일부 국민에게 대놓고 "처단한다"라고 했다. 1970년대 암흑의 시대로 되돌리려 했다. 그런 무도한 행위가 이런 얄팍한 사과로 그냥 넘어갈 수 있으리라 생각했는가.

그는 법적·정치적 책임을 회피하지 않을 것이며 제2의 계엄 발동은 없다고 했다. 이걸 곧이곧대로 믿을 국민이 과연 있을까. 김용현은 불과 석 달 전 국방부 장관 후보자로 국회에 나와 "과연 계엄을 한다고 하면 어떤 국민이 용납을 하겠냐"라며 "계엄 문제는 시대적으로 안 맞으니 너무 우려 안 하셔도 될 것 같다"고 말했다.

그랬던 김용현은 "구국의 일념" 운운하며 비상계엄 '행동대장'으로 나섰고, 실패한 뒤에는 원인을 "중과부적"으로 돌렸다. 비상계엄 주동자들은 이렇게 국회와 국민을 속였다. 이들은 확신범이다. 불과 석 달 전에 계엄은 없다며 안심하라고 했던 자들의 말을 어떻게 믿을 수 있겠는가. 국민적 저항에 부닥친 이들이 국회의 탄핵소추안 가결이라는 위기의 순간을 모면하고자 악어의 눈물을 보인 것이었다.

독재자들은 순순히 물러나지 않는다. 스스로 물러나는 법도 물론 없다. 그것은 동서양의 역사가 말해준다. 독재자들은 상황이 불리하게 돌아가면 일보 후퇴했다가 다시 공세에 나서는 전략을 폈다. 이들이 하는 말을 액면 그대로 믿어서는 안된다. 정치학자 스티븐 레비츠키와 대니얼 지블랫은 이렇게 말한다. "독재자들은 위기의 순간에 음모를 꾸미고 정적으로부터 권력을 보호하기 위한 방어막을 친다."[45]

12월 7일 담화에서 윤석열은 "임기 문제를 포함해 앞으로 정국 안정 방안은 우리 당에 일임하겠다. (…) 향후 국정운영은 우리 당과 정부가 함께 책임지고 해나가겠다" 라고 밝혔다. 그러나 이조차 시간을 벌려는 술수에 불과했다. 2016년 11월 29일 탄핵 전야에 임기단축을 언급한 박근혜를 떠올리게 만드는 언사다.

　　박근혜는 당시 "대통령직 임기단축을 포함한 진퇴 문제를 국회의 결정에 맡기겠다"라고 밝힌 바 있다. 주목할 대목은 박근혜는 국회에 모든 걸 맡기겠다고 한 반면에 윤석열은 여당에 일임하겠다고 한 것이다. 윤석열은 끝까지 야당을 인정하지 않았다. 그는 정치를 할 그릇이 못 되는 사람이다.

　　이것이 시민들이 그의 즉각 퇴진을 요구한 이유다. 서울 여의도 국회 앞 도로에는 날마다 수천 명의 시민들이 모여 밤늦게까지 "윤석열을 체포하라"라고 외쳤다. 하루라도 빨리 그를 권좌에서 끌어내리는 것이 국가의 안위를 위해 최선이라는 게 시민들의 생각이었다. 대규모 시위는 주권자들의 이런 요구에 국회가 탄핵소추안 가결로 응답할 때까지 계속됐다.

또 다른 윤석열을
막으려면

현대 대의민주주의는 참여, 대표, 책임성의 3요소로 작동한다. 자유 시민의 평등한 참여, 권한을 위임받은 선출된 대표의 통치, 그리고 시민에 대한 대표의 책임성을 말한다. 선출된 대표가 주권자인 시민이 아니라 자신과 자신의 가족, 소수 기득권층을 위해 전횡을 부릴 때 이들에 대한 책임을 물을 수 있어야 진정한 민주주의다.[46] 이런 책임의 원리가 적용되지 않으면 그 사회는 민주공화정이 아니라 전제군주정이나 귀족정으로 전락하게 된다. 독재자에게는 불복종과 저항권을 행사해 주권을 되찾아올 수 있는 권리를 시민에게 부여한 게 바로 민주주의 정치체제다.

　　민주주의의 역사는 권력자의 자의적 통치와 전횡을 제어하고 책임을 묻는 여정이었다. 때로는 평화롭게(1688년 영국 명예혁명), 때로는 무력을 동원한 저항(1789년 프랑스 혁명)으로, 때로는 헌법 제정(1787년 미국 삼권분립)으로 일궈냈다. 그런 측면에서 한국의 민주주의는 이들 민주주의 선도국에 견줘서도 손색이 없다. 시민들의 불복종과 저항권 행사(1987년 6월항쟁, 2016~2017년 촛불혁명), 그리고 투표권 행사(1997년 수평적 정권교체)로 민주주의의 기틀을 세웠다. 선도국들이 100~200년에 걸쳐 이룬 대역사를 우리는 30여 년 만에 이뤄냈다. 아시아에서는 유일하다. 그래서 시민들이 한국 민주주의에 자부심을 가지는 것이고 외국에서도 존경을 보내는 것이다.

다른 한편으로 민주주의는 부서지기 쉽다. 12·3 비상계엄 사태는 쿠데타가 한국에서도 언제든 다시 벌어질 수 있다는 걸 보여줬다. 그것도 국민이 선출한 지도자의 손으로 말이다. 다시 더 군건히 민주주의 성채를 구축해야 한다. 그러기 위해선 대통령과 국방부 장관 등 친위 쿠데타 주도자들을 철저하게 수사하고 엄정하게 처벌해 역사의 교훈으로 남겨야 한다.

인류 최초의 민주주의 국가인 고대 아테네에서도 쿠데타가 있었다. 기원전 411년 특권세력이 민주주의를 전복시키고 과두제로 되돌리려 시도했지만, 아테네 민주주의는 이를 이겨낼 만큼 견고했다. 1년 만에 과두제를 극복한 아테네 시민들은 헌법에 다음과 같은 새로운 조항을 추가했다.

나는 아테네에서 민주주의를 전복시킨 사람은 누구든 말

이나 행동, 투표로, 그리고 할 수만 있다면 내 손으로, 죽일 것이다. (…) 만약 누구든지 민주주의를 전복시킨 자를 죽인다면, 그는 아테네 사람들의 적을 죽였으므로 신과 악마 앞에서 그를 죄 없는 사람으로 간주할 것이다.[47]

또다시 쿠데타로 민주주의를 전복하려 시도하는 사람이 있다면 즉결처분을 하겠다는 경고를 헌법에 명문화한 것이다. 지금의 법 감정을 적용하자면, 민주주의를 파괴하는 자들은 고대 아테네가 그러했듯 누구든 법이 허용하는 최고 형량으로 단죄해야 한다. 그것이 우리 공동체와 민주주의를 살리는 길이다.

독재자의
후예와

그
동조자들

'내란 우두머리' 피의자 윤석열은 2025년 1월 3일 고위공직자범죄수사처의 1차 체포영장 집행에 끝내 불응했다. 공수처는 이날 아침 8시 2분께 윤석열에 대한 체포영장 집행에 나섰지만, 경호처의 방해로 5시간 30분가량 대치 끝에 결국 철수했다. 공수처는 "체포영장 집행과 관련해 계속된 대치 상황으로 사실상 체포영장 집행이 불가능하다고 판단"했다고 밝혔다. 윤석열은 공수처의 적법한 공무집행 앞에서도 안하무인이었다. 법 위에 군림하는 왕처럼 굴었다. 그는 경호처 직원은 물론 경비부대 장병들까지 자신의 사병인 양 부려먹었다.

대선후보 경선 토론회에서 손바닥에 王자를 그냥 새긴 게 아니었다. 그는 정말로 왕이 되고 싶었던 것이다. 윤석열은 2024년 3~4월께부터 충암파 최측근들을 만나 여러 차례 '비상대권'의 필요성을 역설했다. 실제로 윤석열과 그 수하들이 12·3 비상계엄을 선포하면서 벌인 일련의 행적은 군사쿠데타 원조인 박정희와 박정희가 키운 전두환의 행보와 닮은 구석이 많다. 마치 종이를 대고 베끼기라도 한 것처럼.

박정희의 1972년 10·17 국가비상사태 선포와 전두환의 1980년 5·17 비상계엄 전국확대 조치가 바로 그것들이다. 두 독재자는 불법적인 비상계엄을 선포해 손에 넣은 비상대권을 가지고 집권 연장과 권력 찬탈을 도모했고 성공했다. 저항하는 야당과 재야인사, 학생들은 중앙정보부와 보안사령부, 경호실, 경찰 등 권력기관을 총동원해 무자비하게 제압했다. 윤석열과 그 수하들은 앞선 두 독재자의 비상계엄 조치들을 긴 시간 연구하면서 준비한 것으로 보인다.

윤석열의 내란 레퍼런스, 박정희와 전두환

박정희는 1971년 4월 7대 대통령선거에서 광범위한 관권·금권 부정선거를 자행했음에도 신민당 후보 김대중에게 간발의 차이로 승리했다. 사실상 김대중이 이긴 선거라는 말이 돌 정도였다. 그해 5월 총선 결과 역시 박빙이었다. 이즈음부터 민주화 요구가 각계에서 봇물처럼 터져 나오기 시작했다. 위기감을 느낀 박정희는 이듬해 10월 17일 위헌·위법한 국가비상사태, 이른바 10월 유신을 전격 선포한다.

10월 유신은 북한의 위협을 명분으로 내세웠지만 권력 강화와 집권 연장을 위한 전형적인 친위 쿠데타였다. 국회를 해산하고 정치활동을 금지했으며, 정적들을 체포·구금했다. 박정희는 당시 보안사령관 강창성에게 직접 야당의원 15인의 명단을 건네며 체포하도록 지시했다. 최형우·박종률·김녹영 등 야당의 주요 정치인들이 대거 포함됐다. '40대 기수론'을 내세우며 박정희의 라이벌로 떠오른 김대중과 김영삼의 정치자금과 조직을 캐려는 목적이었다. 이들은 보안사와 중앙정보부에 끌려가 혹독한 고문을 당했다.

박정희는 9일 뒤인 10월 26일 유신헌법을 선포했다.[48] 입법·사법·행정 3부 위에 군림하는 비상대권을 갖고 종신 대통령을 꿈꿨다. 그는 1979년 10월 26일 궁정동 안

가라는 구중궁궐에서 평생의 동지였던 중앙정보부장 김재
규의 총에 맞아 숨질 때까지 무소불위의 철권통치를 했다.

전두환의 1980년 5·17 비상계엄 전국확대 조치도
비슷한 과정을 밟았다. 이 조치는 박정희 암살 이후 군부를
장악한 전두환 세력이 정권까지 손에 쥐려고 벌인 또 다른
쿠데타다. 전두환도 정적 제거를 최우선 목표로 삼았다. 김
대중, 김종필, 리영희, 문익환 등 수많은 정치인과 재야인
사가 이때 체포되어 옥고를 치렀다

비상계엄 전국확대 보름 뒤인 5월 31일, 전두환은 국
가 통치기구인 국가보위비상대책위원회(국보위)를 설립해
위원장에 취임했다. 국보위는 군 실세 14명과 장관 10명으
로 구성돼 내각으로 기능했다. 단번에 입법·사법·행정부
위에 군림하는 비상대권을 거머쥔 것이다.[49] 그해 10월에
는 국가보위입법회의라는 입법기구를 만들어 5공화국 수
립을 위한 법적 토대를 구축했다.

2025년 초까지 드러난 사실들과 진술들로 미뤄보면,
윤석열은 박정희와 전두환처럼 비상대권을 거머쥐고 삼권
위에 군림하는 강권 통치를 기획한 것으로 보인다. 국회를
무력화시킨 뒤에는 별도의 입법기구를 구상한 흔적도 드
러났다.

계엄 선포 당일 밤 국무회의에서 윤석열이 경제부총리 최상목에게 건넨 쪽지엔 '비상계엄 입법기구의 예비비를 마련하라'는 내용이 담겨 있었다. 전두환의 국가보위입법회의를 구상한 게 아니냐는 의심이 강하게 드는 대목이다. 또한 그의 강권 통치를 뒷받침하는 권력기관으로는 기존의 검찰 외에 방첩사(옛 보안사)와 정보사, 경찰이 참여했을 것으로 보인다.

군과 행정부의
내란 공범들

윤석열과 핵심 주동세력 김용현·여인형·노상원은 그렇다 치고, 육군참모총장 박안수와 특전사령관 곽종근, 수방사령관 이진우, 그리고 영관급 장교들까지 가담한 것은 그냥 지나칠 일이 아니다. 군사독재 정권 종식 이후 군인들은 병영으로 돌아갔다. 민주주의가 고도화하면서 다시는 정치의 세계에 발을 담그지 않을 것 같았다. 그러나 치명적인 오판이었다.

과연 무엇이 이들을 독재자의 친위 쿠데타에 가담하도록 했는지 철저히 조사해야 한다. 폐쇄적 집단인 군대에서 육사 중심의 엘리트 코스를 밟으며 뚜렷한 정치성을 형성한 군인들이 사조직을 꾸리도록 방치한 게 가장 큰 이유가 아닐까 싶다. 5·16 군사 쿠데타는 육사 8·9기 장교들이, 12·12와 5·17 군사 쿠데타는 육사 11기를 핵심으로 뭉친 하나회가 그 중심이었다.

민주화 이후에도 사조직을 둘러싼 논란들이 계속됐으나 그렇다 해도 쿠데타 음모와 실행까지는 가지 않았다. 문제는 윤석열 정권에선 대통령과 국방부 장관이 이들을 부추겼다는 점이다. 대통령과 국방부 장관이 주도하는 친위 쿠데타라면 성공 가능성이 더 높아 보이니 가담 유혹에 빠졌을 수 있다. 이들은 잠시나마 유신정권과 5공화국 당시 쿠데타에 가담한 뒤 권력과 부귀영화를 누린 선배들을 떠올렸을지도 모르겠다.

관료 그룹들의 문제적 행태도 빼놓을 수 없다. 국회의 대통령 탄핵안 가결 이후 대통령 권한대행으로서 보인 국무총리 한덕수의 행동은 일반 시민들의 상식과는 너무나도 동떨어졌다. 국정 혼돈을 하루라도 빨리 종식시켜야 할 막중한 책무를 가졌음에도 그는 헌법재판관 임명의 책임을 정치권에 떠넘겼다. 아무리 관료가 영혼 없는 존재라지만 너무나 무책임했다. 윤석열의 내란 음모에 어떤 형태로든 연루되어 있지 않고서야 저럴까 의심이 들 정도였다. '보신의 끝판왕'이라 부를 만하다.

한덕수의 이런 태도는 1980년 5·17 쿠데타 당시 최규하의 처신을 떠올리게 한다. 1979년 12월 과도기 대통령을 맡은 최규하가 1980년 '서울의 봄' 당시 유신헌법 개정과 새 대통령 선거를 서둘렀다면 쿠데타까지 발생하지 않았을 수 있다. 당시 국무총리 신현확은 나중에 "최규하 대통령하고 호흡이 잘 맞았다면 민정 이양이 제대로 되었을 가능성도 있었다. 5·17 싹쓸이를 불러온 최규하 씨는 (신군부가 자기를 업어주리라는 기대 속에) '민간 정부 출범이라는 국민에게 한 약속을 위배한 사람'이다"라고 평가했다.**50**

독재자의 조력자들

12·3 비상계엄 사태를 보면, 선진국에 진입하고 민주화를 이룩했음에도 독재자에게 절대 충성하거나 아부하고, 잘못을 알고서도 모른 체하며 따르는 자들이 여전히 권력 주변에 많이 존재한다는 걸 목도하게 된다. 16세기 영국의 작가 윌리엄 셰익스피어는 '국가가 독재자의 손아귀에 떨어지는 일이 어떻게 가능한가'라는 질문과 평생 씨름했다.

그의 역사극에는 독재자 주변의 다양한 인간 군상이 생생히 묘사되어 있다.

영문학자 스티븐 그린블랫은 저서 《폭군-셰익스피어에게 배우는 권력의 원리》(2020)에서 독재자의 조력자를 6가지 유형으로 분류한다.[51] 장미전쟁 당시 정치적 음모와 배반, 폭력이 난무하던 영국을 역사적 배경으로 한 〈리처드 3세〉의 등장인물들을 주 대상으로 삼았다. 이 작품은 군사독재 시절 한국에선 공연이 금지됐다. 12·3 비상계엄 사태에서도 독재자에게 절대 충성하거나 아부하고, 잘못을 알고서도 모른 체하며 따르는 사람들이 여전히 많이 존재한다는 걸 보게 된다. 내란 사태와 관련해 재정리한 유형은 다음과 같다.

첫 번째는 독재자의 명령을 수행하는 자들이다. 이 부류에는 곤란한 상황을 피하고자 마지못해 따르는 이들, 명령을 적극 이행하면서 대가를 바라는 이들, 그리고 정적을 공격 대상으로 삼아 그들이 고통받는 걸 즐기는 이들이 포함된다. 아마도 국방부 장관 김용현, 방첩사령관 여인형, 노상원 등 12·3 비상계엄의 행동대장들이 어떤 부류일지 짐작이 갈 것이다. 수사 결과대로라면 선거관리위원회 위원장 심문을 위해 야구방망이를 준비했다는 노상원은 잔

인한 게임을 즐기는 축에 속할 것이다. 그린블랫은 "셰익스피어의 세계에서 그리고 실제 세계에서, 독재자는 이런 사람들이 결코 부족하지 않다"라고 서술한다. 그의 말이 한국의 이번 비상계엄 사태에서도 부인할 수 없는 현실로 드러났다는 점에서 오싹함을 느낀다.

두 번째는 다소 음흉한 사람들이다. 왕이 파괴적인 인물이라는 걸 알지만 왕 덕택에 자신들이 이익을 볼 것이라 생각하는 이들이다. 그린블랫은 "이런 동맹자 겸 추종자들은 왕이 한 걸음 한 걸음 위로 올라가는 것을 도와주고, 그의 지저분한 일에 참여하고, 각종 폐해가 늘어나는 것을 아주 냉정한 무관심으로 지켜본다"라고 말한다. 관료 그룹과 국민의힘 친윤계가 여기에 속할 것 같다. 세 번째는 왕에게 속아 넘어간 사람들이다. 왕의 주장을 정당하다고 생각하고, 그의 약속을 철석같이 믿으며, 왕의 감정 표현을 곧이곧대로 믿는다. 윤석열의 부정선거 의혹 주장을 철석같이 믿는 극우 지지층 일부가 여기에 해당할 것이다.

이 밖에 왕의 겁박에 겁을 먹거나 무기력해진 사람들, 왕의 사악함을 명확히 깨닫지 못하는 사람들, 그리고 왕이 형편없는 줄 알지만 중심을 잡는 어른들과 제도가 있기에 국가가 정상적으로 굴러갈 거라 믿으려는 사람들이 있다. 이들은 한마디로 겁쟁이이거나 세상 물정에 어두운 이들이다. 셰익스피어는 이런 조력자들의 다양하면서도 자기 파괴적인 행태들이 규합될 때 국가 공동체가 집단적 패망에 이를 것이라고 암시한다.

음모론
선동가로
전락한

대한민국
대통령

21세기 대명천지에 비상계엄을 모의하고 실행한 윤석열의 머릿속엔 또 무엇이 있었을까? 군 지휘관들의 진술과 검경 및 공수처의 수사로 그 망상의 실체가 조금씩 드러났다.

우선 잘 알려진 대로 군경을 동원해 국회 문을 부수고 들어가 의원들을 끌어내고 국회의장과 여야 대표를 최우선으로 체포해 계엄해제 의결을 막으려 했다. 그리고 정적들을 납치해 남태령 군기지 지하 벙커에 감금하려 했다. 북파 특수임무 훈련을 받은 HID(정보사령부 특임대) 최정예 요원들까지 차출해 대기시켰다.

도대체 그는 무슨 일까지 저지르려 했던 것일까. 수사와 재판을 통해 더 정확한 진상이 밝혀지겠지만, 지금껏 드러난 사실만으로도 정치 브로커 명태균이 언급했듯 '5살짜리 꼬마에게 총을 들려준 격'과 다를 게 없다.

여기에다 2024년 10월 북한 평양 상공에 나타난 무인기 사건에 우리 군이 연루됐다는 의혹, 그리고 비상계엄 선포 일주일 전 북한 오물풍선에 국방부 장관 김용현이 '원점타격'까지 압박했다는 의혹에까지 이르면 정말 오싹해진다. 정말로 북한과의 국지전을 유도할 심산이었던가. 나라와 국민들은 전쟁의 참화에 고통받아도 자신들의 알량한 권력만 유지하면 아무런 상관이 없다는 무도한 심보 아닌가.

공교롭게도 그 시기에 북한과 러시아는 군사동맹 조약 비준을 마친 터였다. 이런 의혹이 맞는다면 전면전으로 확대돼 러시아군의 개입까지 불러올 수도 있는 위험천만한 순간이었다. 한반도에서 제3차 세계대전이 발발했을지도 모를 일이다. 1차 세계대전도 유럽의 변방 발칸반도에서 일어난 사라예보 사건을 빌미로 독일이 의도적으로 세계대전을 일으킨 것이다. 푸틴이 우크라이나 전쟁을 일으켰듯이 한반도에서도 그런 오판을 하지 않으리라고 확신할 수도 없다. 12·3 비상계엄 선포는 자신들의 반민주적 폭거를 정당화하기 위해 안보 위협을 구실로 삼았던 동서고금 독재자들의 전형적인 패턴을 그대로 보여준다.

윤석열의 마지막 카드,
부정선거 음모론

비상계엄 열흘 뒤인 12월 12일 대국민담화에서 윤석열은 29분간 궤변을 늘어놓았다. 국회의원들을 국회 본회의장에서 끌어내고, 정적들을 체포하라고 그가 직접 지시했다는 사실이 군과 경찰에서 속속 확인되고 있는데도 그는 태연자약했다. 국회 질서유지를 위해 군과 경찰을 보냈다는 둥 헛소리를 지껄였다. 자신만이 옳다는 확신과 나르시시즘, 그리고 정적들이 자신을 해치려 한다는 의심과 망상에 사로잡힌 채 수많은 이들을 숙청했던 역사 속 폭군의 모습이 이러하였으리라.

그런 폭군 치하에서 나라는 혼란 속에 빠져들었고 국민은 신음했다. 담화는 국회의 2차 탄핵소추안 의결을 이틀 앞둔 시점이었다. 그가 텔레비전에 모습을 드러냈을 때 혹시나 진심어린 사죄를 하거나 하야를 선언하지 않을까 기대하는 국민들도 있었다. 그러나 그는 윤석열이었다. 언제나처럼 자신의 정당성을 강변하며 "끝까지 싸우겠다"라고 다짐했다. 그리고 극우 보수 지지층을 향해 모종의 신호를 보냈다. 12·3 비상계엄 선포가 실패로 돌아가고 국방부 장관을 비롯한 자신의 수족들이 잘려나가자 외부의 극우 세력에게 보내는 신호였다.

윤석열은 "그동안 직접 차마 밝히지 못했던 더 심각한 일들이 많이 있다"며, 북한과 연계된 부정선거 의혹을 처음으로 제기했다. 그는 극우 유튜버들의 근거 없는 음모론을 그대로 반복했다. 자신이 이들의 주장을 밝히려 계엄령까지 내려 선거관리위원회 조사까지 하려 했으니 자신을 지켜달라는 일종의 '주문'으로 읽혔다. 실제로 윤석열의 담화 직후 한 극우 인사는 유튜브에 출연해 "대역전극이 시작됐다"라고 화답했다.

또한 전광훈을 중심으로 한 극우 개신교 집단도 코로나 팬데믹과 21대 총선을 계기로 '중국 공산당에 의한 부정선거'라는 황당한 음모론을 제기해왔다. 몇 년간 '변방의 북소리'에 머물던 부정선거 의혹은 현직 대통령의 입에서 언급되었다는 사실만으로도 일약 정국의 주요 이슈로 떠올랐다.

극우 유튜버, 그리고 극우 개신교 집단은 상당한 인적 동원력을 갖고 있다. 대표적인 극우 유튜브 〈신의한수〉의 구독자는 무려 160만 명에 이른다. 극우 개신교 집단은 수도권은 물론 전국 각지에서 버스를 대절해 서울 집회에 인원을 동원할 수 있다. 실제로 이들 세력은 이후 윤석열의 체포영장 집행과 탄핵에 반대하는 대규모 집회를 조직해냈다.

이들 중 일부는 자신들이 왜 극우냐고 항변한다. 그런데 극우 현상을 연구해온 전문가들의 분석에 따르면 이들을 극우로 부르는 게 맞다. 극우far right는 크게 민주주의 본질인 국민주권과 다수통치를 거부하는 극단우익extreme right, 민주주의 본질을 수용하지만 소수자 권리·법치·삼권분립이라는 자유민주주의 핵심 가치에 도전하는 급진우익radical right을 포괄하는 개념이다.

극단우익은 파시즘이 대표적이다. 급진우익은 이민 배척, 외국인 혐오, 무슬림 혐오 등을 주장한다. 한국에선 극우 하면 대개 서구 사회의 인종주의, 반유대주의, 신나치 집단, KKK(미국의 백인우월주의 집단) 등을 떠올리는데 지금은 서구에서도 이민 배척, 외국인 혐오, 소수자 혐오, 부정선거 의혹, 부패 엘리트 등의 이슈가 극우 세력의 중심 의제를 차지한다. 서구 사회의 극우도 시대의 흐름에 따라 진화해온 것이다.[52] 한국의 극우 세력도 근래 들어 이와 비슷한 주제들을 이슈화하며 세력을 키워왔으며, 12·3 비상계엄과 탄핵 정국을 틈타 사회 전면에 급부상했다.

'호소용'에서 '달그림자'를 거쳐
'정치공작'으로

윤석열이 정계 입문 초기부터 음모론에 심취해 있었다는
건 이제 많은 국민이 아는 사실이다. 앞서도 언급했듯 전
국회의장 김진표와 전 국민의힘 대표 이준석이 현직 시절
직접 경험했던 바를 공개했기 때문이다. 그는 총선 개표가
조작됐다거나 이태원 참사가 특정 세력에 의해 유도됐다
는 등 극우 유튜버들이 떠드는 음모론을 진지하게 믿고 있
었다.

　　그런데 윤석열은 2024년 12월 27일부터 2025년
2월 25일까지 진행된 헌법재판소 탄핵심판을 거치며 음모
론 추종자에서 한 단계 진화한다. 피청구인 변론에서 그는
처음엔 비상계엄 선포가 야당과 국민 '호소용'이라며 수세
적 변명을 늘어놓는가 싶었다. 그러다가 탄핵심판과 내란
수사에 대해 '달그림자를 쫓아가는 느낌'이라며 자신의 지
시를 전면 부인하더니, 나중엔 노골적으로 '야당에 의한 내
란·탄핵 공작설'까지 주장하고 나섰다. 자신이 우두머리가
되어 저지른 엄청난 사태를 누군가에 의한 공작이라고 떠
들었으니 음모론 생산자, 선동가라 불러도 손색이 없는 지

경까지 갔다.

2월 25일 열린 헌법재판소 탄핵심판 최후진술은 그의 민낯을 보여주는 결정판이다. 고의적 거짓말과 확증편향, 그리고 선동으로 채워진 최후진술은 살아남기 위한 교활한 계략이었다. 거짓말은 거짓말을 낳는다. 그러다 보니 만천하에 드러난 범죄 행위마저 자신이 짜낸 '대안 서사'에 억지로 끼워 맞춰야 했다. 자신은 잘못한 게 없으며, 모든 게 야당·노동단체 등 반국가세력이 북한의 지령을 받아 자신을 끌어내리려는 공작이라는 것이다.

'대중은 작은 거짓말보다 큰 거짓말을 더 빨리 믿는다. 충분히 반복하면 조만간 믿게 된다'는 독재자 아돌프 히틀러의 선동 교본을 떠올리게 한다. 이런 수법은 사회심리학계에서도 어느 정도 검증된 이론인데 히틀러는 본능적으로 이를 활용했다고 한다.[53]

더 섬뜩한 것은 윤석열이 자신의 신념에 부합하는 정보에만 주목하고 그 외의 정보는 철저히 무시하는 확증편향이 두드러진다는 점이다. 이미 법원과 경찰에서 사실이 아닌 것으로 판명 난 부정선거 음모론이 대표적이다. 윤석열과 그의 변호인단은 정작 변론에선 부정선거 음모론과 관련해 단 하나의 증거도 제시하지 못했다.

음모론이 정치가의 입을
만날 때

문제는 아무리 엉터리 같은 음모론이라도 진실로 받아들이는 대중이 적지 않다는 점이다. 2021년 20개 넘는 국가에서 실시한 설문조사에 따르면 응답자의 20% 이상이 하나 이상의 음모론을 믿는 것으로 나타났다. 음모론은 정치폭력과 상당한 연관성이 있다.[54] 음모론이 유력 정치가의 입에서 발설되고, 이것이 미디어를 통해 광범위하게 유포될 경우 얼마든지 폭력적 양상으로 표출될 수 있다.

도널드 트럼프가 선동한 2021년 1월 미국 의회 폭동 사건이 대표적이다. 미국의 대표적 팩트체크 전문매체인 《폴리티팩트》가 재판 기록과 인터뷰 등을 통해 폭동 연루자 430명을 조사한 결과, 절반가량이 가짜뉴스를 신뢰해 폭동에 가담한 것으로 추정했다. 그 가운데서도 트럼프가 재선에 실패한 2020년 미국 대선이 도둑맞은 부정선거라는 음모론이 가장 큰 힘을 발휘했다. 이들이 'Stop the Steal'(도둑질을 멈춰라)이라는 구호를 외친 이유다.[55] 2025년 1월 19일 서울 서부지법에서 발생한 폭동 사건도 이와 다르지 않다고 본다. 《한겨레》가 2030 시위자들을 심층 인터뷰한 기사[56]를 보면, 윤석열이 부정선거 음모론을 제기하고, 자신의 체포 구속을 불법이라고 선동한 것이 중요한 계기가 된 것으로 나타난다.

윤석열의 여론 선동은 탄핵심판과 내란 재판에서 유리한 고지를 점하려는 고도의 술수다. 그런데 그의 최종적인 목적 달성은 어림도 없는 일이었다. 물론 극렬 지지층에 호소력을 가질 수는 있다. 정치가 극단적으로 분열된 상황에선 극렬 지지층은 지도자가 무슨 말을 하든 그대로 믿을 개연성이 높은 탓이다. 정치 양극화가 민주주의의 적인 이유다. 그러나 합리적 보수층이나 중도층은 다르다. 무장한 군인들이 국회와 중앙선관위에 난입한 현장을 텔레비전 생중계로 본 이상 그의 선동이 미칠 효과는 제한적일 수밖에 없다.

직업윤리를 잃은
정치인의 말로

문제는 국민의힘 내 친윤세력의 움직임이다. 집권여당으로서 이런 사람을 대선후보로 내세우고 제대로 견제하지 못한 책임을 통감하고 국민들에게 백배사죄해도 모자랄

판에 이들은 오히려 대통령을 계속 감쌌다. 정권 초기 윤석열-이준석의 갈등 국면에서 2선으로 물러났던 '원조 윤핵관' 권성동이 다시 원내대표로 등장한 것은 불행한 신호였다. 실제 그는 국민의힘을 '윤석열 사수대'로 이끌었다. 대통령의 광기와 폭정이 속속 드러나고, 국가적 위기 상황을 조속히 끝내야 하는 순간에서조차 자기 소명을 잊고 권력의 단맛에 취해 대의를 거스르는 타락한 정치인의 전형이다.

사회학자 막스 베버는 《소명으로서의 정치》(1919)에서 권력 추구를 정치인의 정상적 속성으로 보면서도 정치인으로서의 직업 윤리, 즉 대의에 대한 열정, 책임의식에 입각한 행동, 사태를 냉철하게 보는 균형감각을 갖지 못할 경우 정치적 무능력자로 전락한다고 말한 바 있다. 그는 정치인의 권력 추구가 대의에 헌신하지 않고, 권력에 도취되어 책임감과 균형감각을 잃었을 때 정치가의 타락이 발생한다고 설파했다.

(정치가의) 권력 추구가 전적으로 '대의'에 대한 헌신을 목표로 하는 것이 아니라 객관성을 결여한 순전히 개인적인 자기도취를 목표로 하는 순간, (정치가라는) 그의 직업이 갖

는 신성한 정신에 대한 죄악이 시작된다. (…) 왜냐하면 정치 영역에서는 궁극적으로는 두 종류의 치명적인 죄악이 있을 뿐이기 때문이다. 객관성의 결여와 책임성의 결여가 그것이다. (…) (이런 유형의) 권력정치가는 강한 인상을 갖는 것처럼 보이지만, 사실 그의 행동은 공허하고 우스꽝스러울 뿐이다.**57**

베버는 독일이 1차 세계대전에서 패망하고 사회적 혼란이 극심했던 1919년 독일 정치인들의 행태를 보며 이 책을 썼지만 오늘날의 한국 정치인, 특히 윤석열과 국민의힘 지도부가 되새겨야 할 대목이 많다.

서부지법

폭동
사태

장면① 폭동 전야

2025년 1월 18일 오후 1시 50분께 서울 마포구 공덕동 서울서부지방법원(서부지법) 앞 인도에서 일단의 군중이 '윤석열! 윤석열!'을 연호하고 있었다. 내란우두머리 혐의 피의자 윤석열을 태운 호송차가 그의 구속 전 피의자 심문(영장실질심사)을 위해 법원에 막 들어서던 참이었다.

　군중은 손에 들고 있던 태극기와 성조기를 함께 흔들었다. 집회 주도자의 선창에 맞춰 '윤석열을 석방하라' '불법 영장, 체포 무효' 등의 구호를 외쳤다. 손에는 주로 '위조 공문, 불법 체포' 'Stop the Steal'이라는 팻말이 들려져 있었다. 가끔 '탄핵 반대, 이재명 구속'이란 팻말도 보였다.

인상적인 것은 그날 집회 참여자들의 표정과 분위기였다. 나는 당시 서부지법에서 공덕역 방향으로 조금 떨어진 곳에 서 있었는데, 서부지법 쪽으로 시민들이 끊임없이 밀려들어왔다. 긴장된 표정에 서두르는 모습이 역력했다. 오후 2시에 피의자 심문이 열리기로 예정된 만큼 서둘러 서부지법 앞으로 가려던 것으로 보였다. 도로가에는 경찰 버스가 차단막을 치고 있었고, 그 앞으로 정복 경찰들이 도열해 이들의 도로 진입을 막고 있었다.

40대로 보이는 한 시민이 도로 쪽으로 가려다 막히자 경찰들에게 큰 소리로 호통을 쳤다. "대통령을 불법 체포했는데 왜 우리가 법을 지켜!" 팽팽한 긴장감이 느껴졌다. 탄핵 찬성 집회는 응원봉을 흔들고 노래를 부르며 축제의 현장 같은 분위기였다면, 이날 집회엔 불안과 분노가 팽배했다. 판사가 영장을 기각해주길 기대하는 분위기도 일부 있었다. 주로 노인층이 많았고, 20~30대 젊은층도 곳곳에 눈에 띄었다.

윤석열의 비상계엄 선포는 명백히 반헌법적·불법적인 행위고, 이에 대한 수차례 소환에 불응함에 따라 법원에서 체포영장을 발부해 체포된 것인데, 이들은 어떤 연유로 이곳에 모여들어 '불법영장' '체포무효'를 외치는 걸까. 부정선거 음모론도 법원 판결로 사실무근이라는 게 이미 드러났는데 어째서 여전히 'Stop the Steal'을 부르짖는 걸까.

장면② 무법천지의 서부지법

내가 머물 때만 해도 집회는 서부지법 양편의 인도에서만 진행됐다. 이튿날 새벽 서부지법 청사가 군중에게 처음 뚫렸다는 후문 쪽에는 시위대가 별로 없었다. 참석 인원은 대략 2000여 명으로 추정됐다. 나중에 극우 유튜버들의 생중계 동영상과 언론 보도를 통해 확인해보니, 시위대는 오후 3~4시께 급격히 불어났다. 전광훈이 주도한 광화문 집회 인원들이 서부지법으로 몰려왔기 때문이다. 그 뒤부터 시위대는 서부지법 건물을 빙 둘러싸고 온종일 구호를 외쳤다.

　이튿날 새벽 2시 59분께 구속영장이 발부됐다는 소식이 전해지자 군중 사이에선 격한 분노의 감정들이 터져 나왔다. 일부 시민은 판사에게 쌍욕을 해대며 "밤길 조심해!"라고 소리치기도 했다. 후문 쪽에선 경찰과 몸싸움이 벌어지다 결국 경찰 방어선이 무너졌다. 한 청년은 수신호로 청사 내부 진입을 선동했다. 당시 동영상을 확인해보면, 경찰은 무력을 쓰지 않고 시위대의 진입을 막고자 노력했다. 애처롭다는 생각이 들 정도였다. 한 경찰은 시위대에 애원하다시피 하는 제스처를 보였다. 경찰이 일부러 길을 터줬다는 일각의 주장은 근거가 없어 보였다. 서부지법 정문이 뚫린 것도, 시위대가 정문 옆의 창문을 깨고 난입한 뒤 건물 안쪽에서 경찰을 협공하자 물러난 것이었다.

법원 난입 자체도 충격적이지만, 일부가 7층 판사실까지 올라가 특정 판사를 찾는 모습은 정말 섬뜩했다. 법정과 판사실 문을 하나씩 발로 차며 "어딨어?"라고 소리지르며 수색까지 했다. 분노와 증오를 넘어 살기가 느껴질 정도였다. 당시 법원 내부에 피신했던 직원은 "눈빛들이 너무 정상이 아니어서 상대할 수 없는 공포감을 느꼈다" "무법천지처럼 돌아다니는 시위대가 너무 처참해서 잊을 수가 없을 것 같다"라는 심경을 전국공무원노조를 통해《한겨레》에 전했다.

도대체 어떻게 이런 일이 21세기 한국의 수도 서울 한복판에서 갑자기 발생할 수 있을까. 동영상을 찾아보며 그날 사건을 복기한 것도 그 연유를 알고 싶어서였다. 동영상에 비친 일단의 군중은 이성을 잃고 행동하는 것 같았다. 그날 서부지법은 군중의 광기가 표출된 일대 사건임이 분명했다. 기자 생활 30년 동안 정치적 이슈로 이 정도의 난동을 일으키는 군중을 접하기는 처음이다. 섬뜩하면서도 당황스러웠다. 군중의 분노와 증오심을 만들어내고, 종국에는 이런 폭동까지 유발한 것은 도대체 누구인가.

복기① 의도된 분노와 증오

군중의 분노와 증오는 누군가에 의해 의도된 것이 분명했다. 이들의 구호와 주장은 상식 수준에서 너무나 터무니없었다. 그런데도 많은 시민이 이를 믿게 된 것은 누군가 지속적으로 거짓 정보를 참인 것처럼 선전해 '세뇌'시켰기 때문이다. 인간은 불완전한 존재다. 가짜 정보라도 끊임없이 머릿속에 주입하고, 특히 사회적 공인이나 유명인사가 이를 공개적으로 주장하면 참으로 인식하게 된다. 공인의 '인정'을 계기로 정당성을 부여받은 정보라는 착각에 빠지는 것이다.

부정선거 음모론이 대표적인 사례다. 전광훈 같은 극우 정치꾼들과 유튜버들이 2020년 4월 총선 때부터 주장하던 부정선거론은 내내 미디어나 제도권의 주변부만 맴돌았다. 그러다 윤석열이 비상계엄 선포의 명분으로 내세우면서 사정이 달라졌다. 변방을 떠돌던 음모론이 정치 공론장의 주요 이슈로 격상된 것이다. 윤석열에 대한 수사기관의 체포·구속 문제도 유사하다. 윤석열과 변호인들이 법적 절차마다 불법 딱지를 붙이며 막무가내로 거부하고, 국민의힘 주류가 동조하면서 이들의 주장이 마치 다퉈볼 만한 사안이거나 심지어는 진실인 양 둔갑한 것이다.

윤석열은 정당한 체포영장 집행에 불응하며 때로는 편지로, 때로는 영상으로 극렬 지지층을 자극했다. 경호처의 호위무사들은 영화에서나 보던 각종 장비를 주렁주렁 매달고 무력시위를 벌였다. 국민의힘 의원들은 떼로 몰려와 사수대를 자임했다. 마치 윤석열의 불응과 거부가 정당한 행동인 양 비쳐지도록 말이다. 엄동설한에도 관저를 지켜온 극렬 지지층은 결국 그가 체포되자 분노가 극에 달했을 것이다. 윤석열의 변호인인 석동현 같은 이는 '도저히 감내할 수 없는 상황이 됐다면 저항권을 행사해야 한다' 같은 선동까지 공공연히 입에 담았다.

폭동 사태가 발생한 18일은 하루종일 상황이 극적으로 돌아갔다. 법 집행에 무시로 일관하던 윤석열은 영장실질심사에 직접 출석하겠다는 의사를 당일 오전에야 밝혔다. 그의 출석 소식이 알려진 것은 영장실질심사를 불과 3시간

246

앞둔 오전 10시 55분께였다. 대통령을 응원하러 급히 달려왔을 극렬 지지층은 저마다 일말의 기대를 품었을 것이다. 윤석열은 법원 실질심사에서 40분간이나 자신의 정당성을 주장했다. 극렬 지지층은 밤늦도록 서부지법을 에워싸고 구호를 외치거나 북을 치며 판사를 압박했다.

복기② 군중심리

군중이 흥분에 휩싸이면 집단적인 군중심리에 빠져들어 누구도 제어하기 힘든 상황이 벌어질 수 있다. 군중 속 개인은 난폭해지기 쉽다. 다수의 울타리에 함께 있다는 생각에 자신감이 솟는 한편으로 익명의 뒤에 숨을 수 있기에 무책임해진다.

사회심리학자 귀스타브 르 봉은 《군중심리》(1895)에서 이렇게 말한다. "군중을 구성하는 개인이 단지 함께하는 인원수가 많다는 사실만으로 자신이 무적이라도 된 양 생각한다. 이런 생각에 들떠서 혼자였다면 억눌렀을 본능을 따른다. 군중은 익명성을 띠기 때문에 무책임하게 굴기 쉽다. 개인을 항상 옭아매던 책임감이 완전히 사라지면서 본능을 억제하는 경향도 사그라든다."[58]

그날도 기대했던 결과가 나오지 않자 격한 감정에 이성을 잃은 이들이 속출한 것으로 보인다. 선두와 후미에서 손짓을 주고받으며 조직적으로 난동을 유도하는 이들도 눈에 띄었다. 이런 선동과 유혹에 더 취약한 청년층은 파괴적 행동에 동참할 위험이 있다. 경찰의 철저한 수사를 통해 밝혀져야 하겠지만 그날의 폭동은 유도되고 만들어진 정황이 상당했다. 윤석열도 폭력은 안 된다는 입장을 밝힌 만큼 그가 그날 밤 폭동까지 염두에 두지는 않았을 것으로 본다. 그러나 평범한 시민들이 폭도로 돌변하는 지경에까지 이르도록 한 책임에서 결코 자유로울 수 없다. 경찰은 서부지법 폭동 사태와 관련해 2025년 4월말 현재 140명을 수사해 93명을 구속하고 후속 수사를 이어가고 있다.

복기③ 발호하는 한국의 극우

서부지법 폭동 사태는 한국에서도 극우 세력이 발호하는 단초가 될 위험이 있다. 주변부에서만 맴돌던 극우 세력이 공론장을 흔드는 세력으로 급부상하는 것이다. 과거 해방 직후와 한국전쟁 시기 득세했던 극우 세력이 반공주의에 기반했다면, 이 폭동의 주도자들은 극우 대통령의 탄핵 반대와 부정선거 음모론을 자양분으로 삼고 있다. 특히 법원에 난입해 건물 집기를 마구 파손하고 방화까지 시도했으며, 마음에 들지 않는 판사를 습격하려 했다는 점에서 극단주의화하고 있다. 이 세력은 극우 개신교 일파라는 조직력과 극우 유튜버라는 선전도구를 갖고 있다는 점에서 쉽사리 사그라들지 않을 것으로 보인다.

극우 세력의 득세는 민주주의의 퇴보를 넘어 민주주의 자체를 파괴할 위험을 내재한다. 1930년대 독일 나치즘과 이탈리아 파시즘이 대표적인 사례다. 그래서 보수든 진보든 민주주의를 신봉하는 정치인과 시민이라면 극우 세력과는 확실하게 선을 긋고, 그들이 세를 불리는 것을 차단해야 하는 것이다. 이것이 민주주의를 지키기 위한 최소한의 기본적 정치 윤리다. 그런데 국민의힘 주류가 이 금도를 넘어서며. 한국 보수의 대변자를 자임해온 정당이 극우 세력에 사실상 포획되고 말았다. 한국 민주주의가 새로운 기로에 섰다.

총성 없는 내전

에필로그

윤석열은 고작 2년 7개월간 재임[*]하면서 한국 사회 곳곳을 1980년대로 후퇴시켰다. 역사상 선진국 반열에 오른 나라를 이렇게 단기간에 퇴보시킨 지도자는 지금까지도 없었고 아마 앞으로도 없을 것이다. 그만큼 윤석열의 '검사 통치'는 예외적이었다. 처음엔 대통령실과 권력기관에 측근 검사들과 지인들을 포진시켜 독립적 국가기관들을 정권옹위기구로 만든 뒤 야당과 언론, 시민사회단체 등을 공격하는 방식으로 민주주의를 갉아먹었다. 그것으로도 정적과 비판 세력을 제압하기 어렵자 마지막엔 군경을 동원한 친

[*] 2022년 5월 10일~2024년 12월 14일. 탄핵소추에 따른 직무정지 기간 제외

위 쿠데타까지 일으켜 대한민국을 독재국가로 만들려 시
도했다.[*]

　　윤석열이 저지른 가장 큰 해악은 한국사회를 사실
상 '총성 없는 내전' 상태로 몰아넣었다는 점일 것이다. 현
직 대통령이 자신에 대한 탄핵을 기준으로 국민을 갈라
치기 하면서, 가뜩이나 이념적·정치적 갈등으로 위태위
태하던 한국사회는 봉합이 요원한 수준으로 양극화됐다.
12·3 비상계엄 사태 이후 4개월간 탄핵 정국에서 벌어
진 분열 양상은 한국전쟁과 이념적 적대감으로 정치 테러
가 난무했던 해방 공간 이후 가장 심각한 수준일 것이다.
2016~2017년 박근혜 탄핵 당시에도 태극기 부대가 극성
을 부리긴 했으나 이 정도는 아니었다.

[*]　　윤석열의 '민주주의 후퇴시키기'는 정치학자 낸시 버메오의 '민
　　주주의 퇴보democratic backsliding'의 6가지 유형을 참고하면 유용
　　하다. 버메오는 민주주의 퇴보를 ①군부쿠데타 ②선출 권력에 의
　　한 쿠데타(친위 쿠데타) ③노골적인 선거일 투표부정 ④공약성 쿠
　　데타(선거를 약속해놓고 지키지 않는 쿠데타) ⑤행정부 권력 확대와
　　비판 세력 무력화 ⑥전략적 선거부정 등으로 유형화했다. 앞의 세
　　가지는 전형적 쿠데타이며, 뒤의 세 가지는 1990년대 이후 새롭
　　게 등장한 유형이다. 윤석열은 임기 내내 ⑤번 유형이었다가, 마
　　지막에 ②번 유형을 시도했다.[59]

그때와 다른 건 대통령이 허위정보와 음모론을 고의로 유포해 극우 세력을 선동하고, 여기에 집권여당이 동조하고 나선 점이다. 게다가 기득권을 놓지 않으려는 검찰·관료·종교·언론·법원·학계 내 수구 세력이 윤석열 탄핵에 반대하는 '집단적 공모' 현상까지 벌어졌다. 시민들은 '심리적 내전'에 시달리며 이러다 나라가 정말 둘로 쪼개지는 것 아니냐고 전전긍긍했다.

1987년 이후 한국 민주주의는 견제와 균형을 기초로 제도적·실체적 내실을 다져왔지만, 이렇듯 최고 권력자와 집권세력의 의도적인 자폭테러로 그간의 성취가 상당 부분 훼손되고 말았다. 스웨덴 민주주의다양성연구소는 〈2025 민주주의 보고서〉에서 현대 사회에서 정치 양극화와 허위정보가 극심해지면 독재화가 진행된다고 진단했다. 헝가리·인도·페루 등 이미 독재화한 나라들이 이런 패턴을 보였다. 이 연구소는 한국에 대해서도 같은 이유로 2년 연속 '독재화 진행국'으로 분류했다.[60]

훼손된 민주주의의 집을 다시 세워야 한다. '제2의 윤석열'을 막기 위해서 무엇을 해야 할 것인지 뜻을 모으고 행동에 나서야 한다. 가장 시급한 일은 극단적 정치 양극화의 완화다. 민주주의 정치는 상대의 존재를 인정하는 것에서부터 출발한다. 상대를 '적'으로 대할 때 정치는 '교전 없는 전쟁'으로 변한다. 정치 양극화를 극복하지 못하면 윤석열보다 '더 센 독재자'가 등장해 훨씬 더 파괴적인 현실을 마주할 수 있다.

남미의 칠레 사례를 참고할 만하다. 칠레는 20세기 중반까지 '남미의 영국'으로 불릴 만큼 유서 깊은 민주주의 나라였다. '칠레 와인 한 병이면 합의 못할 논쟁은 없다'는 말이 나올 정도로 타협의 정치문화가 정착돼 있었다. 그러나 1960년대 냉전과 경제 불황 여파로 극단적 좌우 분열이 10여 년간 계속됐다. 좌파는 우파를 '파시스트'라 하고, 우파는 좌파를 '전체주의자'라 비난했다. 이런 불안을 틈타 1973년 군부 쿠데타가 일어났고, 150년 역사의 칠레 민주주의는 무너지고 말았다.[61]

이후 17년간 군부독재가 이어졌다. 칠레 정치인들은 절치부심 끝에 1980년대 중반 중도에서 좌파까지 아우른 10여 개 정당이 참여한 '민주주의 연합'(콘세르타시온)을 구성했다. 이 연합으로 독재를 물리친 뒤, 1993년부터 20년간 공동정부를 운영했다. 공동정부는 내각 고위직과 의회 지분을 참여 정당들에 배분했다. 또한 '합의 민주주의'라

불리는 암묵적 협력 규범을 마련했다.

이 규범은 민주주의 연합, 야당(우파), 이익단체(재계 등)의 핵심 이익이 위협받지 않도록 보장하며, 이를 위해 정례적으로 협의한다는 게 요체다. 대통령은 논쟁적 법안을 의회에 제출하기 전에 야당 및 이익단체들과 사전 합의를 이끌어내고, 이게 안 되더라도 최소한 우파 일부의 지지를 확보해야 한다. 이런 암묵적 규범은 칠레 민주주의를 성공적으로 회복시키는 데 크게 기여한 것으로 평가받고 있다.[62]

한국에서도 2025년 2월 더불어민주당·조국혁신당·진보당·기본소득당·사회민주당 등 5개 정당이 '내란종식 민주헌정수호 새로운 대한민국 원탁회의'를 구성했다. 이를 잘 발전시킬 필요가 있다. 또한 진보 정당들 간의 이런 '헌정수호 연합'이 정권을 잡을 경우, 극단적 정치 분열을 완화하기 위해 보수 정당과도 칠레식 '합의 민주주의' 규범을 시행해볼 만하다.

둘째로는 유튜브와 소셜미디어를 통한 허위정보와 음모론 유포 행위를 엄격하게 차단해야 한다. 현대사회에서 이들 뉴미디어의 영향력은 기존 레거시 미디어를 이미 넘어섰지만, 사실상 사회적 감시와 규제의 사각지대에 놓여 있다. 레거시 미디어의 내외부에 다양한 윤리적·제도적 자정 장치가 작동하는 것과는 대조적이다.

브라질의 경우, 자이르 보우소나루 대통령 재임 기간 (2019~2022)에 정권 차원에서 허위정보와 음모론을 유포한 바 있다. 그는 극우 유튜브에서 활동하며 얻은 인기를 바탕으로 대통령직에 오른 인물이다. 이게 문제가 되어 2022년 대선 전후로 브라질 사법부와 선거관리위원회는 부정선거 음모론에 적극적으로 대응하기 시작했다. 가짜뉴스를 바로잡고, 온라인에서 반민주적 주장을 유포하는 이른바 '디지털 민병대'에 대한 법적 조치에 들어갔으며, 폭력 행위에 가담한 사람들의 소셜미디어 계정을 정지시켰다. 이런 대응에 힘입어 브라질은 2023년부터 민주주의로 유턴한 것으로 평가받고 있다.[63] 한국에서도 반민주적·반사회적 선동 영상을 유포하는 극우 유튜브 채널을 차단하고, 이들이 얻은 수익을 몰수하는 조치에 나서야 한다. 나아가 유튜브에 자정 기능을 강화하도록 요구해야 한다.

셋째, 정당이 민주주의라는 집의 문지기로서 제대로 기능해야 한다. 우선 정당은 대선 후보를 결정할 때 선동가나 독재자 성향을 가진 정치인을 선제적으로 걸러낼 수 있어야 한다. 이런 인물을 필터링하지 못하면 민주주의는 위기 국면에 진입한다고 봐야 한다. 일시적으로 지지율이 높거나 팬덤이 견고하다는 이유로 문제적 인물을 대선 후보로 내세웠다가는 해당 정당은 물론이고 나라 전체가 결딴날 수 있다. 윤석열 사례에서 보듯 이런 사람이 일단 권력을 잡으면 제어가 불가능하다.

또한 정당은 극단주의 세력과 거리두기를 해야 한다. 극우 세력은 근본적으로 삼권분립과 법치, 소수자 권리라는 민주주의의 핵심 가치를 부정하기 때문이다. 역사적으로 민주주의 붕괴는 대개 주요 정당이 극단주의 세력과 밀착할 때 발생했다. 정치학자 낸시 버메오는 나치즘·파시즘이 횡행했던 1930년대 유럽과 군부쿠데타로 점철됐던 1960~1970년대 남미의 17개 민주주의 퇴보 국가를 분석해 "극단적 정치 분열을 초래한 책임은 시민들이 아니라 분열을 정치에 이용하려는 엘리트들, 특히 정치 엘리트들에게 있었다"라고 결론지었다.

그는 또한 "민주주의가 붕괴한 나라에서 주요 정당에 결핍된 힘은 바로 '거리두기 역량'"이었다고 진단한다. 거리두기 역량이란 정당이 폭력적이거나 법치를 따르지 않는 자들과 거리를 두는 힘을 말한다. 특히 폭력 행위자들이 자신들의 지지층일 때도 이들을 비난하고 고발할 수 있어야 하며, 그런 거리두기는 빠를수록 좋다. 검찰·경찰과 법원 등 법 집행기관들도 단호한 태도로 협력해야 한다. 그렇지 않고 거리두기가 지연되면 시민들의 불신이 커지고 정치 분열과 갈등이 더 심화하며, 급기야 민주주의의 붕괴를 초래한다는 것이다.[64]

윤석열 탄핵 정국에서 국민의힘이 극우 세력을 용인하고 더 나아가 정치적으로 이용하려고 보인 행태는 한국 민주주의에 불길한 신호다. 여기에다 검찰과 법원 일부 판사가 윤석열의 구속취소 등 내란우두머리 피의자에게 내린 봐주기 결정도 민주주의를 위태롭게 만들었다. 정당은 극우 세력과 단절하고 법 집행기관은 중대 범죄자를 엄중히 단죄해야 한다.

넷째, 제왕적 대통령제의 폐해와 거대 양당의 적대적 공생이라는 한국 정치의 고질적 문제를 완화하기 위해 헌법과 법률 개정 작업에 나서야 한다. 군부독재에 맞선 대학생·시민들의 용감한 저항으로 쟁취한 87년 헌법은 대통령 직선제와 단임제, 그리고 헌법재판소 설립을 관철함으로써 1993년 문민정부 출범과 1998년 평화적 정권교체의 기반을 다졌다.

반면 권력자들의 과도한 권력 남용을 실질적으로 견제·감시할 수 있는 체계를 꼼꼼히 갖추지 못한 것은 아쉽다. 2016~2017년 박근혜 탄핵으로 이를 개선할 절호의 기회를 맞았으나 정파 다툼 속에서 흐지부지되고 말았다. 개헌은 시도조차 하지 못했고, 선거법 개정 등 정치개혁은 되레 뒷걸음질했으며, 사법개혁은 미완에 그쳤다.

윤석열 탄핵을 계기로 마련된 이번 기회는 반드시 살려야 한다. 정치인들에게만 맡겨놔서는 또다시 실기하거나 개악될 수 있는 만큼 시민들이 개헌안을 직접 발의할 수 있는 국민발안제 도입 등 시민들의 참정권 확대 장치를 마련해야 한다. 국가의 운영원리를 규정하는 최고법인 헌법은 근본적으로 국가와 시민 간 중요한 권리와 권한을 정하는 사회계약이다. 따라서 시민들의 참여는 당연한 권리다.

1987년 개정 이후 40년 가까이 지난 현행 헌법은 사회현실의 변화에 맞게 권력구조·기본권 등 전반을 개정할 필요가 있다. 제왕적 대통령제 개혁은 대통령에게 과도하게 부여된 권한을 분산하고, 대통령에 대한 견제와 감시 장치를 더 강화하는 방향으로 가야 한다. 권한 분산의 유력한 방안으로 국무총리를 국회에서 추천해 임명하고, 실질적 권한을 부여하는 책임총리제를 검토할 만하다.

감사원 등 행정부 내 독립적·중립적 국가기관의 수장은 국무총리처럼 국회의 임명동의제 대상이 되도록 해야 한다. 민주주의 최후 보루인 헌법재판소가 헌정 위기 상황에서도 안정적으로 운영될 수 있도록 헌법재판관 임기 규정도 손봐야 한다. 대통령 4년 중임제, 그리고 민의가 국회 의석수에 정확히 반영되도록 하는 비례성 강화 등 권력 구조와 선거법 개편도 숙의 과정을 거쳐 2026년 지방선거 때 국민투표에 부의할 수 있도록 해야 한다.

군에 대한 문민 통제도 강화해야 한다. 12·3 비상계엄 당시 김용현·노상원 등 군 장성 출신들이 보인 행태를 봤을 때 또 다시 쿠데타가 발생하지 않는다고 장담할 수 없다. 대통령과 국방부 장관이 독점하는 군 인사권에 대한 국회의 통제 장치를 강화해야 한다. 장성 진급에 국회 동의 절차를 마련하는 방안을 고려해봄직하다. 또한 미국처럼 대통령이나 국방부 장관이 헌법과 법률에 반하는 명령을 내릴 때 군인들이 거부할 수 있도록 법령을 개정해야 한다. 미국 육군 교리는 충성Loyalty의 대상을 헌법, 육군, 소속 부대, 전우라고 규정하고 있다. 요컨대 "헌법을 위반하는 자에게 충성하면서 헌법에 충성할 수 없다."[65]

　　다섯째, 불평등을 줄이기 위해 정치가 더 적극적으로 나서야 한다. 불평등 심화와 일자리 감소 등 경제 양극화는 정치적 불안을 키우는 비옥한 토양이다. 노인과 청년층이 윤석열 같은 독재적·권위주의적 정치인과 극우 세력의 표적이 되는 이유다. 노인층은 은퇴 이후 주 소득이 없는 데다가 연금도 부족하고, 청년층은 좋은 일자리 얻기가 어려워 불안정한 비정규직을 전전하는 경우가 많다. 한국 경제는 이미 저성장 국면에 접어들어 지금 같은 상황에서는 과거처럼 고성장에 따른 낙수효과는 기대하기 어렵다. 경제의 혁신성을 제고하는 노력을 경주하되 형평성과 유연안정성을 높이는데 재정을 더 투입해야 한다.

　　경제학자 이근에 따르면, 한국은 '하이브리드 자본주의' 국가다. 경제는 저성장·나쁜 분배로 표상되는 영미식 자본주의를 닮았으며, 사회지표는 저출산·저이혼·낮은 범죄율 등으로 일본·남부 유럽과 유사하다. 노동시장은 장시간 노동과 높은 임금격차라는 특성을 갖고 있으나 적극적 노동시장 정책을 펴는 북유럽식으로 나아가고 있다.[66]

　　그는 이렇게 말한다. "분명한 건 고성장과 좋은 분배

라는 동아시아 기적은 끝났다는 거죠. 그러나 이를 개선하기 위한 여지는 여전히 있습니다. 각국 자본주의에서 좋은 점을 벤치마킹해서 재창조하는 것입니다. 미국의 혁신성, 남부 유럽의 안전성, 북부 유럽의 유연안정성을 따오면 제일 좋은 자본주의일 것인데, 가능하다고 봅니다."[67]

'높은 경제성장, 높은 인구성장, 풍부한 고소득 일자리' 시대는 끝났다. '중간 정도의 경제성장, 낮은 인구성장, 과거보다 숫자는 적지만 고부가가치 일자리'라는 새로운 균형을 찾아가도록 경제사회 체제를 재설계해야 한다. 문제는 리더십이다. 상호 존중과 연대감이라는 민주주의적 덕성을 지닌 강력한 리더가 중심이 되어 이런 방향의 새로운 국가 비전을 설정하고, 노·사·정 타협으로 논쟁적인 경제·사회적 현안들을 함께 풀어나가야 한다.

2024년 겨울에서 2025년 봄까지 이어진 헌정위기 상황에서 한국은 여러 차례 아슬아슬한 순간을 맞았다. 그때마다 수많은 시민들이 거리에 나와 위기를 넘길 수 있었다. 혹독한 군부독재를 물리치고 민주주의를 이만큼 이끌어온 동력은 시민들의 이런 열정과 헌신, 그리고 연대였다. 개인적으로도 지난 몇 개월 간 종종 불안감에 시달렸지만, 여의도 국회의사당 앞과 광화문 광장에 가면 왠지 모를 안도감과 함께 자신감을 얻어 오는 경험을 했다. 6월 항쟁과 촛불혁명 등을 겪으며 시민들 제각기 민주주의 승리의 DNA를 체득했음을 새삼 깨달았다. 형형색색의 응원봉이 한국 민주주의를 한발 더 전진시키리라 믿는다.

1 박현, 〈눈 떠보니 후진국〉, 《한겨레》, 2022년 11월 11일.

2 David Runcimann, 《How Democracy Ends》, p.31, Basic Books(한국어판 《쿠데타, 대재앙, 정보권력》, p.45, 아날로그, 2020).

3 V-Dem Institute, 《Democracy Report 2025》, p.9, p.52-58.

4 〈[단독] 윤석열 정부에 검찰 출신 136명 들어갔다〉, 《한겨레21》 1455호, 2023년 3월 27일.

5 스티븐 레비츠키·대니얼 지블랫 지음, 박세연 옮김, 《어떻게 민주주의는 무너지는가》, p.29, 어크로스, 2018.

6 이제훈, 〈"여기가 맘에 들어" 임장하듯 관저 결정?〉, 《한겨레》, 2022년 4월 27일.

7 이용주, 〈황상무 수석, 'MBC 잘 들어'라며 '언론인 회칼 테러 사건' 언급〉, 《MBC》, 2024년 3월 14일.

8 손태규, 《왜 언론자유, 자유언론인가》, p.23, 기파랑, 2011.

9 Helen Thomas, 《Front Row at the White House: My Life and Times》, Scribner, 2000.

10 박현, 〈질문하지 않으면, 대통령은 왕이 된다〉, 《한겨레》, 2013년

7월 27일.

11   존 스튜어트 밀 지음, 서병훈 옮김, 《자유론》, p.49-60, 책세상, 2010.

12   박수지·서혜미, 〈서해사건 감사, 적법절차 안지켰다〉, 《한겨레》, 2022년 4월 8일.

13   Steven Levitsky; Daniel Ziblatt, 《How Democracy Dies》, p.8, Crown (한국어판 《민주주의는 어떻게 무너지는가》, p.15), 한국어판에서는 mutual toleration과 forbearance를 '상호 관용'과 '자제'로 번역했으나, 이 책에서는 맥락을 고려해 '상호 인정'과 '권한 행사의 절제'로 표현했다.

14   김종배, 〈김종인 "내 사무실에서 청와대 안 보여! 나를 팔고 다닌 명태균, 헛소리"-김종배의 시선집중〉, 《MBC 라디오》, 2024년 11월 11일.

15   카스 무데 외 지음, 이재만 옮김, 《포퓰리즘》, p.44, 교유서가, 2019.

16   정병기, 《포퓰리즘》, p.18-32, 커뮤니케이션북스, 2021; 카스 무데 외, 《포퓰리즘》, p.15-24. 교유서가, 2019.

17   Margaret Canovan, 《Populism》, p.4-16, Harcourt Brace Jovanovich, 1981.

18   리처드 호프스태터 지음, 유강은 옮김, 《미국의 반지성주의》, p.71-73, 교유서가, 2017.

19   김미나·배지현, 〈5분 25초만에 끝난 기념사. "윤 대통령이 빨간펜 수정"〉, 《한겨레》, 2023년 3월 2일.

20   김미나 외, 〈"어차피 할 거면 빨리" 윤 대통령이 '셀프 배상' 밀어붙였다〉, 《한겨레》, 2023년 3월 7일.

21   김태효, 〈미중 신냉전 시대 한국의 국가전략〉, 《신아세아》 통권 107호, p.113-126, 신아시아연구소, 2021.

22   《전략연구》 37호, 한국전략문제연구소, 2006.

23 김현정, 〈유인태 "尹, 뉴라이트 늦바람 분 것 같아…무서워"-김현 정의 뉴스쇼〉, 《CBS》, 2023년 8월 30일.

24 신형철, 〈대선 때 지지한 60년 지기 이철우 교수 "윤석열, 민주주의 부정 극우 수괴"〉, 《한겨레》, 2025년 1월 9일.

25 강성만, 〈"내란 옹호자들, 자기 이익만 생각한 '친일파의 재생' 같아"〉, 《한겨레》, 2025년 3월 10일.

26 Toluse Olorunnipa, 〈Biden declares 'new era' of partnership with South Korea and Janpan〉, Washington Post, 2023.8.18.

27 조지프 나이 지음, 양준희·이종삼 옮김, 《국제분쟁의 이해-이론과 역사》, p.46-47, 한울, 2009.

28 오세욱·송해엽, 《유튜브 추천 알고리즘과 저널리즘》, p.18-20, 한국언론진흥재단, 2019.

29 김진표, 《대한민국은 무엇을 축적해왔는가-김진표 회고록》, p.264, 사이드웨이, 2024.

30 배지현, 〈보수 유튜버 30여 명도 취임식 초대〉, 《한겨레》, 2022년 8월 19일.

31 먀셜 매클루언 지음, 김상호 옮김, 《미디어의 이해》, p.32-57, 커뮤니케이션북스, 2011.

32 김미경, 《감세 국가의 함정》, 후마니타스, 2019.

33 한국지식재산연구원, 〈WIPO '2024년 글로벌 혁신지수'〉, 2024년 11월 29일.

34 박현, 〈중국 딥시크발 AI 혁신, "한국 산업·제품별 정책 재검토 해야〉, 《한겨레》, 2025년 3월 5일.

35 국회예산정책처, 〈2023회계연도 결산위원회별 분석-과학기술정보통신위원회〉, 2024년 7월 18일.

36 강민구, 〈출연연 GPU 352개에 불과, 전년대비 3분의 1수준, 비상〉, 《이데일리》, 2025년 2월 9일.

37 다론 아제모을루 외 지음, 최완규 옮김,《국가는 왜 실패하는가》, p.113-145, 시공사, 2012.

38 다론 아제모을루 외 지음, 장경덕 옮김,《좁은 회랑》, p.74-75, 시공사, 2020.

39 다론 아제모을루 외 지음, 장경덕 옮김,《좁은 회랑》, p.679-690. 시공사, 2020.

40 Peter Dizikes, 〈MIT economists Daron Acemoglu and Simon Johnson share Nobel Prize〉, MIT News, 2024.10.14.

41 박현, 〈"관치 아닌 '검치 금융' 시대…공매도 금지·금투세 폐지는 포퓰리즘"〉,《한겨레》, 2024년 10월 23일.

42 배지현·전광준, 〈"대통령이 역정냈다" 채상병 보고회의 참석자가 말해〉,《한겨레》, 2024년 5월 24일.

43 양수민, 〈이진우 "윤 화내 '끌어내라' 면피성 지시〉,《중앙일보》, 2025년 3월 7일.

44 브라이언 클라스 지음, 서종민 옮김,《권력의 심리학》, p.165-190, 웅진지식하우스, 2022.

45 스티븐 레비츠키·대니얼 지블랫 지음, 박세연 옮김,《어떻게 민주주의는 무너지는가》, p.123, 어크로스, 2018.

46 박상훈,《민주주의의 시간》, p.121-122, 후마니타스, 2017.

47 David Runcimann,《How Democracy Ends》, p.37, Basic Books, 2018(한국어판《쿠데타, 대재앙, 정보권력》, p.53, 아날로그, 2020년).

48 김충식,《남산의 부장들》, p.374-394, 폴리티쿠스, 2012.

49 앞의 책, p.777-785.

50 김충식,《5공 남산의 부장들-권력, 그 치명적 유혹 1》, p.112, 블루엘리펀트, 2022.

51 스티블 그린블랫 지음, 이종인 옮김,《폭군-셰익스피어에게 배우는 권력의 원리》, p.95-98, 비잉, 2020.

52 카스 무데 지음, 권은하 옮김,《혐오와 차별은 어떻게 정치가 되는 가》, p.12-66, 위즈덤하우스, 2021.

53 데이비드 로버트 그라임스 지음, 김보은 옮김,《페이크와 팩트》, p.31-32, 디플롯, 2024.

54 샌더 밴 데어 린덴 지음, 문희경 옮김,《거짓의 프레임》, p.99, 세계사, 2024.

55 Bill McCarthy, 〈Misinformation and the Jan. 6 insurrection: When 'patriot warriors' were fed lies〉, 《Politifact》, Poynter Institute, 2021.6.30.

56 고나린·정봉비·임재희, 〈"윤 대통령이 싸울 대상 정확히 알려줬다"〉, 《한겨레》, 2025년 1월 22일.

57 막스 베버 지음, 박상훈 옮김,《소명으로서의 정치》, p.198-200, 후마니타스, 2021.

58 귀스타브 르 봉 지음, 강주헌 옮김,《군중심리》, p.38, 현대지성, 2021.

59 Nancy Bermeo, 〈On Democratic Backsliding〉, 《Journal of Democracy》, Vol.27, No.1, 2016.

60 V-Dem, 〈2025 Democracy Report〉, p.38-39.

61 Pamela Constable and Arturo Valenzuela, 《A Nation of Enemies: Chile Under Pinochet》, p.20-28, W·W·Norton & Company, 1991.

62 Peter Siavelis, 〈Accomodation Informal Institutions and Chilean Democracy〉, 《Informal Institutions and Democracy: Lessons from Latin America》, p.40-50, Johns Hopkins Univ. Press, 2006; 스티븐 레비츠키·대니얼 지블랫 지음, 박세연 옮김,《어떻게 민주주의는 무너지는가》, p.277-279, 어크로스, 2018.

63 V-Dem, 〈2024 Democracy Report〉 p.36-37.

64 Nancy Bermeo, 《Ordinary People In Extraordinary Times: The Citizenry and The Breakdown of Democracy》, p.234-239, Princeton Univ. Press, 2003.

65 권혁철, 〈'문민통제'의 역설, 이성 없는 대통령은 누가 통제하나〉 《한겨레》, 2024.12.20; 권혁철, 〈"명령에 따랐을 뿐"이란 변명, '상관'에 충성했기 때문이다〉, 《한겨레》, 2025.1.24.

66 Lee Keun·Kim Djun Kil, 〈Compressed development, decompression, and diverging convergence in South Korea: which varieties of capitalism in contemporary Korea?〉, 《Review of Evolutionary Political Economy》, 2024.

67 박현, 〈이근 교수 "미국발·중국발 산업공동화 우려, 국내 제조업 공급망 지켜야"〉, 《한겨레》, 2025년 3월 5일.